如何愛你的負面情感

嫌な感情の愛し方

讓150萬人得自由的心理諮商師
宇佐美百合子——著
李璦祺——譯

前言

爲何我們一旦遭遇不如意，就會瞬間陷入「負面情感」？

負面情感何其多，像是憤怒、嫉妒、焦慮、恐懼、自卑、無力感、罪惡感、無價値感等等……這些都會讓人一想起來就感到痛苦。

你是否曾經想過：「如果這些負面情感都不存在就好了！」

雖說如此，但即使拚命抹煞負面情感，結果往往是弄得筋疲力盡，陷入自我厭惡。說不定還會在不知不覺中自我孤立，感到自己的心情都沒有人理解。

如果你也處於這種狀態的話，請讓我爲你撫慰這種傷痛。

但請不要鑽牛角尖地認爲，這一定是天底下最大的不幸，也不要責怪一定是自己的個性不好。因爲這些是任何人身上都可能出現的感受。

而且也是讓你得到改變的機會。

善用這個機會，你就能了解自己，自然而然不勉強地享受人與人之間的交流，並且能保持與他人之間的心靈聯繫。

這本書的書名是《如何愛你的負面情感》，而不是「如何扼殺你的負面情感」，也不是「如何消除你的負面情感」。

這是因爲我們壓根兒就沒辦法消除心中的負面情感。

不過，倒是有一些方法，可以讓我們不必再在意那些負面情感。

負面情感也是你內心寶貴的一部分。所以別一味地想抹煞，只有承認並接受它們的存在，才能讓情況改善。

比方說，胃痛時你會抵抗疼痛嗎？你反而會護著胃部，讓疼痛緩和，並找出原因吧？

你的心靈也希望你用相同的方式對待它。

心痛的時候，不要抵抗，不要視而不見；我們該做的是，老實承認自己受傷，給予適當的處理，並找出原因。

任何現象都有其原因。人要等到理解自己陷入負面情感的原因時，才眞正有能力愛自己。

如果你覺得：「我連自己都不太了解自己……」那麼別人也不可能了解你。

就讓我們理解自己的心情，好好地傳達自己的感受吧！

——這就是我寫下這本書的目的。

本書分成三章，分別是「認識」「整理」「表達」自己的情感，以這三種角度出發，淺顯易懂地加以解說。

請讓本書帶著你一起解放心靈，實現願望。

宇佐美百合子

CHAPTER 1

認識自己的情感

接受負面情感

前言 003
1 真實感受的所在 012
2 為什麼別人不了解我？ 016
3 害怕攤開真心後會被討厭 020
4 就算我什麼也不說，別人也該明白我的心思 024
5 連自己都無法掌握自己的真正的心情 028
6 面對你的負面情感 032
7 如何找尋「看不見的情感」 036

CHAPTER 2

整理自己的情感

解放 10 種心靈傷痛

1 找不到自己的立足之地／孤獨感 042
2 把注意力從自己轉到他人身上 046
3 嫌麻煩而擺著不做／完美主義 050
4 目標別放在「完美」，要放在「全力以赴」與「心滿意足」 054
5 摘不下老好人的面具／過剩的警戒心 058
6 改變動機的話，就能停止當老好人 062
7 無法擺脫內在的情結／自卑感 066
8 一定有什麼是除了你以外無人擁有的 070
9 被負罪意識糾纏不放／罪惡感 074
10 化「愧疚」為「感謝」 078
11 因為自己沒有的而嫉妒他人／不公平感 082
12 停止對自己與他人停止挑毛病，改為找優點 086

13 感受不到自己的存在價值／無價值感 090
14 改寫人生腳本 094
15 有無法原諒的對象／被害意識 098
16 將無法原諒的「痛」化為成長的「養分」 102
17 缺乏自信／理想與現實間的鴻溝 106
18 停止自我否定，蒐集成就感 110
19 對未來極度不安／習慣悲觀思考 114
20 化不安為勇氣，實現你的願望 118

CHAPTER 3

表達自己的情感

選擇何種情感，造就何種「自己」

1 選擇「用什麼方式表達什麼」將塑造出你的個人特色 124
2 把表現自我當成一種樂趣 128
3 不是只有語言才能表達心情／磨練你的第二語言 132
4 放心說「不」的方法 136
5 不發怒的怒氣表達方法 140
6 難以啟齒的話就用「I Message」傳達 144
7 「平凡又不起眼的我」也能得到肯定嗎？ 148
8 成為自己的粉絲 152
9 選擇正面思考的練習 156
10 別害怕傷人和受傷 160
11 負面情感將為你帶來自由 164

CHAPTER

1

認識自己的情感

自分の感情を知る

接受負面情感

嫌な感情を受け入れる

Chapter:1

1

眞實感受的所在

你對自己有多認識？

聽到這個問題，或許你會歪著頭，心想：「突然這樣問，要我怎麼回答……」

那麼，你覺得光是用數字表示的身高、體重、出生年月日，外表看得見的髮型、服裝、走路方式，就能代表眞實的你嗎？

應該不能吧。身高、頭髮的長度、穿衣的品味、走路的方式，這些和眞實的你毫無關係。

你這個人「有什麼感受，有什麼想法，對未來有什麼想像」……這些才造就出了「你」。

如果，**你老是陷在負面情感裡，心裡想著：「要是能讓負面情感都消失就好了。」就證明了你對自己不夠認識。**

如果你對自己有足夠認識的話，負面情感就會成爲助力，幫助你大大成長，因此照理來說你根本不會希望它消失，反而是樂在其中，對未來也充滿了美好的想像。

「想像」是「創造」的開始。

「認識自己，創造美好的未來。」請把這句話當成前進的目標吧！

現在請先記住以下三點：

- **負面情感不是你的敵人。**
- **不要抹煞負面情感，要讓它成為助力。**
- **只要不怕負面情感，人際關係就會變得輕鬆自在。**

負面情感不是你的敵人。正因必要，才會存在每個人心中。

然而，當負面情感湧出時，會令我們感到心痛，而我們爲了逃避傷痛，就會對負面情感視而不見，結果錯失了讓負面情感成爲助力的機會。

你過去所經歷的傷痛，和你今後將承受的傷痛，都是讓你了解眞實的自己而不可或缺的原料。

愈是想逃開負面情感，愈是身陷其中，
最後心靈變得疲憊不堪。

舉例來說，你是否有過像這樣的經驗：

原本你覺得：「這個人可以信賴。這個人能夠理解我。」後來發現事與願違時，你因大受打擊而將心門關起來……

我也經歷過這樣的遭遇，當時我悲傷得不能自已，用一語不發來抗拒這一切。

接著，我開始感到不甘心，不由自主地怪罪對方、激怒對方。但這些根本就不是我的本意……

如果你也有類似的經驗，請你試著回想當時你有什麼樣的負面情感。

當時你最想讓對方知道的是什麼感受？

爲什麼經過了這麼久，心中的傷痛依舊沒有消失？

你眞正的感受，其實就藏在那樣的傷痛之下。

有時我們之所以會搞不清楚自己，**是因為當負面情**

**每個人都有負面情感，只要使負面情感成為助力，
就能讓心靈變得輕鬆自在。**

感湧出時，我們就會自動關上心門，把我們的「真心」鎖死在裡面。

「擁有負面情感的人，不只是你而已。
這是每個人心中都存在的感受。」

Chapter:1

2

爲什麼別人不了解我？

我在前面寫道：「老是想著『要是能讓負面情感都消失就好了』，反而會讓心靈疲憊不堪。」「只要不怕負面情感，人際關係就會變得輕鬆自在。」

然而你心中或許會想：「就是因爲有這些負面情感，才讓我的人際關係發生摩擦。只要沒有負面情感，人際關係就不會有障礙了。」

倘若你厭惡到想把負面情感抹煞的話，這時你心中會發生什麼樣的變化呢？

打從一出生，你的生活就不停與他人發生關聯。

在這樣的生活中，你是否曾覺得：「都沒有人了解我的感受。」

你是否覺得：「我明明已經這麼委屈了，卻沒有一個人了解我的心情！」

其實，在這種不滿的背後，藏著的是**「無法攤開真心」的苦悶**。

若是硬要將負面情感抹煞，這種苦悶就會糾纏著你不放。

我也曾在這種苦悶中掙扎過。

「爲何明明想跟他人有心靈上的聯繫，卻又無法攤開自己的眞心？我究竟是在想些什麼？……」當我一邊煩惱，一邊探索自己的內心時，發現自己心中同時存在著矛盾的「三種情感」：

①害怕一攤開真心，就會被別人討厭。

②就算我什麼也不說，別人也該明白我的心思。

③連自己都無法掌握自己真正的心情。

你心中是否也潛藏著這三種情感呢？

這三種情感所產生的就是「對負面情感的抵抗」。

①是會讓你「藏起負面情感」，②是「逃避負面情感」，③是「對負面情感視而不見」的想法。

想要「藏起負面情感」，是因爲害怕說出自己的眞心話時，會被別人當成一個討厭

三種情感

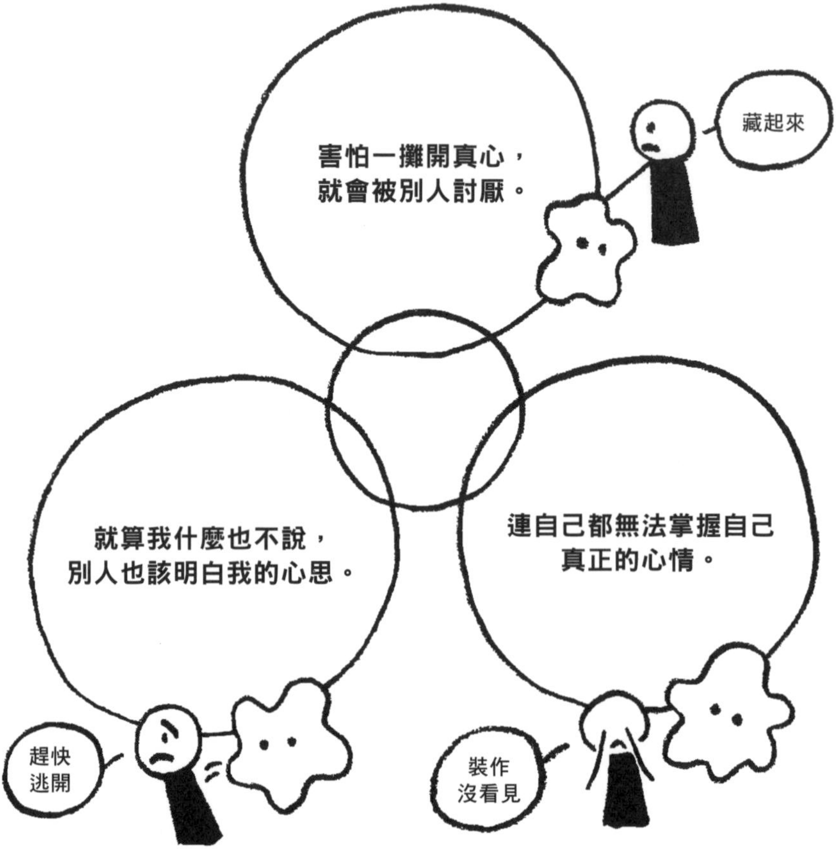
害怕一攤開真心，
就會被別人討厭。
藏起來
就算我什麼也不說，
別人也該明白我的心思。
趕快
逃開
連自己都無法掌握自己
真正的心情。
裝作
沒看見

鬼。「逃避負面情感」則是任性地希望在自己不用碰觸負面情感的情況下，別人就能明白自己的心思。想要「對負面情感視而不見」，是爲了避免落入自我厭惡，而選擇不去面對自己的負面情感。

由此可知，**負面情感對人的心理，具有如此強大的控制力**。所以反過來說，能承認並接受負面情感的存在，就能醫治自以爲「沒人了解我」的傷痛。

接下來，就讓我們更深入了解這三種情感。

人際關係之所以令人疲憊不堪，不是因為你有負面情感，而是因為你想要抹煞負面情感。

Chapter:1

3

害怕攤開眞心後會被討厭

長久以來，我一直是這麼想的：

「雖然很想要別人多了解我，可是要我把自己的眞心話全都攤開，未免太可怕了，根本辦不到。我內心有這麼多醜陋又懦弱的想法，別人如果知道了，一定會討厭我。我不想被別人討厭……」

正因爲我也有過這種悶悶不樂的煩惱，所以更要向你提出建言：

「與其因爲隱瞞眞正的心情，而陷入自我厭惡，倒不如試著說出自己的眞心話，說不定還能跟對方變得更加親密唷。」

你想要讓自己喜歡的人了解的，難道只是「表面上很美好的自己」嗎？

事實上，應該會希望對方連你「難堪的一面」「沒出息的一面」都能看到吧？**應該會希望對方在了解你的一切後，仍喜歡你吧？**

雖說如此，但我們往往還是沒有勇氣攤開自己的眞心。那我就向你揭露一個「大家的祕密」吧。

其實，每個人身上都有「難堪的一面」「沒出息的一面」。

例如，「因爲別人能力強而感到嫉妒」「因爲能力不好而自我踐踏」「虛榮」「怯懦」「彆扭」……**對這樣的自己感到醜陋、感到厭惡的，不是只有你而已**。

任誰都會爲了內心的情緒感受而煩惱，並設法和這些情感維持平衡，在平日生活中裝出「一副若無其事的樣子」。

所以，如果你攤開自己的負面情感時，反而會讓對方覺得和你更靠近。

不過，攤開的時候，**不是要把你的情緒發洩在對方身上，而是要說出這些負面情感有多麼耗盡你的心力**。

我在學生時代，曾經因爲負面情緒大到無法承受，而向對方表明我的感受。

「我好羨慕妳長得漂亮又受歡迎……但我又不想讓妳覺得我在嫉妒妳，所以一直在逞強。結果老是對妳說話帶刺，眞是對不起。」

對方霎時露出了驚訝的表情，但下一秒便立刻綻開笑靨說：

想要隱藏自己難堪的一面、
沒出息的一面。

失敗經驗、弱點反而能成為可愛迷人之處。

「其實我也很嫉妒妳。我個性畏畏縮縮的，但妳跟我不一樣，總是這麼開朗又有魄力。」

我們相視而笑，自此之後，兩人都卸下了心防，一口氣拉近了彼此的距離。那時候我若是只用表面客套話跟她說：「妳真棒，這麼受歡迎。」我想我們之間的心防只會一直高聳下去。

「一旦攤開自己的眞心就會被討厭。」這樣的想法是錯誤的。

尤其，當我們表明自己的失敗經驗或弱點時，反而能一口氣拉近彼此距離。

每個人都有「難堪的一面」「沒出息的一面」。只要相信這一點，你就一定能鼓起勇氣說出眞心話。

從一開始就說出自己的弱點、缺點或失敗經驗，可以讓雙方卸下心防，自己和對方都能因此變得輕鬆自在。

Chapter:1

4

就算我什麼也不說，別人也該明白我的心思

當我們因爲處處替他人設想而心力交瘁時，就會開始抱怨：「大家怎麼都不體諒一下，我已經付出得這麼累了。」

這是**我們很容易對家人、情人、好友等關係親密的人產生的情緒**。

「既然住在同一個屋簷下，也好歹要知道你女兒在想些什麼啊。」

「我們個性、想法這麼相似，所以你一定跟我有相同的感受。」

「都已經這麼多年的朋友了，就算不明說，你也應該知道我的想法。」

你是否曾有過類似的想法？

你是否也曾用關係親密當作藉口，不好好地表達自己的想法，或者，在自己應該主動表達善意時，覺得「對方應該知道我的想法」而省略不說？

尤其**扯上負面情感時，我們往往能逃避就盡量逃避，既不肯說出口，又希望對方能**

明白我們的心意。

無論關係再怎麼親密，每個人的心依舊是獨立的個體。而且情感與情緒，都是瞬間的產物。平時若能好好表達自己的感受，眞正遇到狀況時，對方才有可能在你什麼也沒說的情況下明白你的心意。

我曾在與過去的交往對象產生口角時，有過深切的感觸。

在我們因爲某些事產生誤解時，對方便說：「妳好歹也該自己察覺我的感受吧。」這句話讓我大爲光火，我反駁道：「你不說出來的話，誰會知道你心裡在想什麼！」結果我們因此吵了起來。

等到氣消之後，我才開始回想：「那我自己平常有沒有頻繁地對他表達自己的感受呢？……」結論是我跟他半斤八兩。我也有相同的心態，因爲是情侶，就覺得什麼都不說，對方也該明白我的心意。

和你關係親密的人，應該是你最重視的人。即使偶爾會遇到「心有靈犀一點通」的愉快經驗，但我們仍然不該期待「就算我從頭到尾什麼都不說，對方也該明白我的心

希望他能主動察覺。
別人搞不清楚你到底想要什麼。

情」。

反而愈是親密的人，愈會等著聽到你說出眞正的感受，無論那是正面還是負面的。

再說，無論親疏遠近，人與人之間要有暢行無阻的良好溝通的話，本來就不應該因過分替對方的立場、心境設想，**而不好意思說出自己希望對方怎麼做，也不該壓抑想要對方了解自己的願望。**

不要畏首畏尾，鼓起勇氣開門見山地表達你的感受吧！

老實地說出真心話，絕非厚顏無恥，也不是不夠客氣。這麼做反而是一種「體貼」的表現，讓對方不用煞費苦心地去猜測：「這個人究竟希望我怎麼做？」

「別忘記，無論關係再怎麼親密，
每個人的心依舊是獨立的個體。」

Chapter:1

5

連自己都無法掌握自己眞正的心情

你是否有過這樣的經驗：內心有許許多多的感受出現又消失，愈是用力思考，愈是懷疑：「究竟哪個才是我眞正的心情……」

覺得自己眞正的心情曖昧不定或模稜兩可，其實一點也不奇怪。這時候說不定是**你眞正的心情被其他的情感掩蓋住了，也可能當下無法做出抉擇就是你眞正的心情**。

舉個例子，假設你的心中同時存在「喜歡」和「討厭」兩種情緒。你若認爲自己非得立刻在兩者間做出抉擇不可的話，內心就變得十分混亂，而搞不清自己的感受。

此時，**當下的你就是擁有兩種情緒**。說得更明確一點，之所以兩種情緒都擁有，是因爲你現在還不想在兩者間做出抉擇。

我們的眞心想法，其實就是在如此混沌的內心做出的挑選。

過去我在當上班族時，也經常因爲無法決定什麼才是我眞心的想法，而猶豫不決。

比方說，有人邀我一起用餐的時候。如果對方是自己親近的對象，我當然二話不說就答應，但若和對方沒有那麼熟，就會左思右想著「不知道還有誰會一起去」「如果要去的是我想去的餐廳就好了」，於是拖拖拉拉地給不出答覆。

我之所以不敢問「還有誰要去」或「要去哪家餐廳」，是因為我怕提出邀請的人會覺得我對他不感興趣，但老實說這種擔心都是多餘的。

結果，有時候順著對方去了之後，又在心中後悔：「早知道就不來了。」

自己的心情曖昧不定的話，被問到時就有可能一時情急而將就回答，之後卻悔不當初。

「要如何才能改掉將就回答的習慣呢？」對於這個問題，我得到的結論是：「就算自己的想法曖昧不定，或者自相矛盾，只要照實說出來就好了。」

在意什麼事就誠實地詢問對方，即使如此還是猶豫不決的話，就據實以告，只要你是誠懇的，對方理當不會感到不悅。

無論如何都「無法決定」或「不想決定」時，就老實說出自己的感受，接下來「一切隨緣」，這也是一種處理方式。

是 YES 還是 NO，是喜歡還是不喜歡，
搞不清楚哪個才是自己的心情。

無論是○是 × 還是△，全都是自己當下的心情，
只要將這樣的狀態據實以告就行了。

因爲，**這跟不做決定而隨波逐流不一樣，這是依照自己的意志決定一切隨緣的「另一種選擇」**。

人生中時常會面臨「要說還是不要說？」「要做還是不要做？」的抉擇。只要時時告訴自己「人的眞心想法本來就是在各式各樣的想法中做出的挑選」，面對「Yes／No」的抉擇時，你就不會不知所措了。

換句話說，**你所做出的挑選，可以決定你要做什麼事，要往哪個方向前進**。

情感原本就是一切都混雜在一起的。你的真心想法，取決於你從中挑選出了什麼。

Chapter:1

6

面對你的負面情感

誠實地表達自己的情感，只會得到別人的嘲笑而已……

我明明老實地說出了自己的心情，對方卻裝作沒這回事……

當這樣的經驗在心中留下深深的傷痕時，任誰都會想說：「我再也不要遭到如此對待了。」

於是乎——

我們一味地逃避當時所感受到的負面情感，把它當成「看不見的情感」封印起來，平常裝出一副那些負面情感完全不存在的樣子。

然而，**壓抑自己的負面情感，只會帶來不好的結果。因為，你的心靈將會陷入五里霧中，裹足不前。**

這就是為什麼有許多人感到活著很辛苦。

我們不能放任「看不見的情感」不管，原因有二。

第一個原因是，**我們將無法理解自己**。

我們有時會做出一些非出於本意的行爲，卻無法理解背後的原因，例如，不擅長與某一類的人相處、常常無法把話說清楚等等，於是我們不斷被這種現象耍得團團轉。

第二個原因是，**遭人誤解的風險提高**。

當我們「看不見的情感」在不自覺中遭到刺激時，我們就會莫名其妙地（旁人看起來是如此）感到焦躁不安，甚至遷怒他人，或陷入沮喪，於是就容易令他人產生誤解。

你若想要解放心靈，讓自己活得幸福快樂，就必須把過去被你當作「看不見的情感」，深深埋藏在心底的負面情感，重新挖掘出來，去理解自己爲何有那樣的感受，並且努力去治癒那些傷痛。

如果別人的言行會造成你胸口一陣刺痛的話，就代表你心中埋藏著相關的舊傷。

有時，若身邊的人經常對你說「你的態度好怪」，這也有可能是一種讓你察覺你的舊傷正在蠢蠢欲動的徵兆。

此時，**請你冷靜地觀察內心，找出那些被你埋藏的情感傷痕吧！**

放任不管的話……
・變得無法理解自己。
・遭到他人誤解。
看不見的情感

每個人都是自懂事以來，就不斷累積著各種痛苦經驗。

但這樣既不悲慘，也不可憐。因爲，**你的每一道舊傷，都是幫助你更認識自己、更愛自己的養分。**

從這個角度而言，「看不見的情感」就如同沉睡的寶藏一般。正因如此，你才會一直將它們珍藏在內心深處。

雖然挖掘出來時有些痛楚，但只要治癒傷口，找回活力後，你就能得到現在所無法想像的幸福。

每當你治癒一道傷口時，你的心就會像朝陽射出光芒般，變得愈來愈光明而充滿活力，你的人生會因此海闊天空。

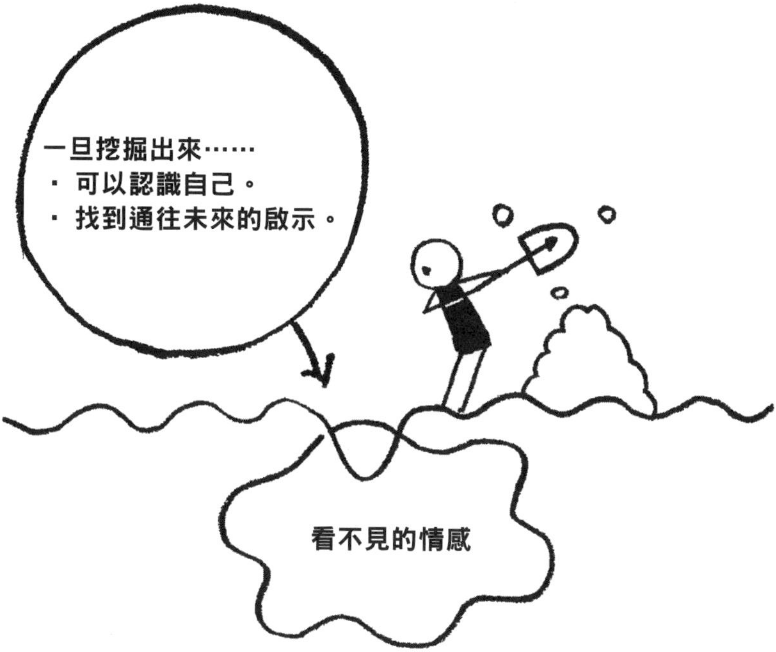
一旦挖掘出來……
・可以認識自己。
・找到通往未來的啟示。
看不見的情感

「看不見的情感中，
隱藏著給未來的你的訊息。」

Chapter:1

7

如何找尋「看不見的情感」

要找出「看不見的情感」，比你想像的還容易。

關鍵就在於負面情感。因為最好的時機就在於，遇到像是**「為何我會這麼火大」或「怎麼眼淚掉個不停……」這類會令你感到詫異的過度反應時**。

這時，請你試著回想讓**你有類似傷痛的「往事」**。

然後請你問自己以下三個問題，並將答案寫在紙上。

①那是什麼樣的事件？　＋　**當時的感受**

②接著自己做了什麼事？　＋　**當時的感受**

③結果如何？　＋　**當時的感受**

舉個例子來說明。有一名女性在職場中，因為「一方說有交代，一方說沒交代」的事件，遭同事責怪，結果她因此惱羞成怒。這名女性在紙上寫下的答案是——

①學生時代朋友曾經責怪我向老師打小報告。很焦急。

②我邊哭邊解釋自己沒做過那種事。很懊惱。

③最後朋友們都不肯相信我。打從心底感到失望。

看完之後，你是否也能感受到當事人心頭的傷痛？

她所埋藏的「看不見的情感」，是對人的不信任感。因爲她還抱著這個舊傷不放，因此當她被同事責怪時，不但感到過去的那種焦急和懊惱，還進而爆發出「反正這次大家也不會相信我」的憤怒感。

後來，這名女性讓自己重新認知到**「對人的不信任感已經是過去式了。今後的我不需要這樣的情感」**，並且拾回了對他人的信任。

當你找到自己的「看不見的情感」時，請你粉碎那樣的心情，以治癒你的傷口。

過去你深信不疑的那些事，都不是眞的。**無論何種感受，都只是當時的情況下所懷**

找到負面情感時……

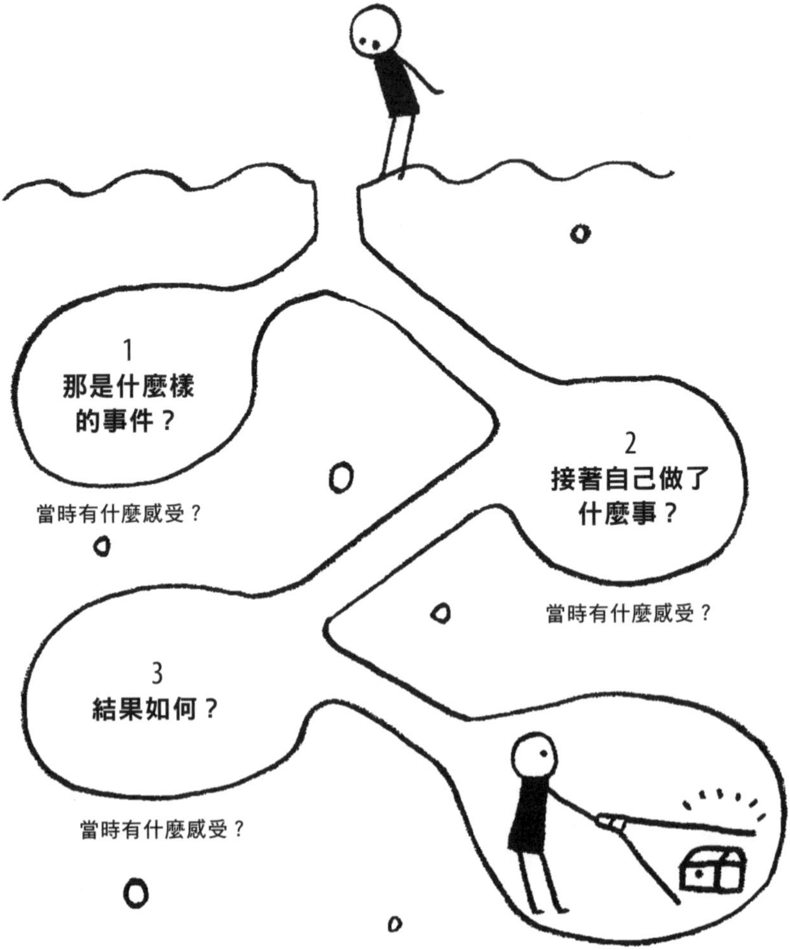
1
那是什麼樣
的事件？
當時有什麼感受？
2
接著自己做了
什麼事？
當時有什麼感受？
3
結果如何？
當時有什麼感受？

有的暫時性情感而已。

情感本來就是會隨著每個當下來來去去，只不過當時你將**情感封印起來，那種情感才會穿越時空，來到此刻**。當你知道這一點，並接納「受傷的自己」後，你的舊傷就會自然痊癒，而你也能向未來邁出全新的一步。

在這之前，你可能會覺得「我沒有自信找出看不見的情感」「我不可能靠自己治好心靈創傷」，但不用擔心。

下一章將會介紹各種埋藏在內心深處的「看不見的情感」，這些是許多人共同擁有的。

你應該也會有不少類似狀況，在閱讀時請一邊當作自己的狀況來思考，一邊找出你眞正的感受。並藉此將長久以來悶在心中的傷痛，早日解放。

所有的情緒感受都只是暫時性的，沒有必要一直被束縛。

CHAPTER 2

整理自己的情感

自分の感情を整える

解放 10 種心靈傷痛

10の心の痛みを解放るす

Chapter:2

1

找不到自己的立足之地／孤獨感

現在就讓我們朝心靈深處出發吧！

我們要治癒那些在不知不覺中埋藏入心底深處的負面情感。

這不是爲了自我安慰而已，更是爲了以受傷的體驗作爲地基，打造出一個更深愛自己的自己。

這裡介紹的十種傷痛，若都能加以解放的話，你的心靈就會像生了翅膀般輕盈。

第一種傷痛是孤獨感。

你是否有過這樣的經驗：既沒有被朋友排擠，也沒有和情人吵架，但**你就是找不到自己的立足之地，被一種「莫名的寂寞感」侵襲**。

我經歷過好幾次。

「即使身旁有好幾個朋友，依舊感到自己孤伶伶的……」

「明明跟喜歡的人在一起，卻寂寞到無法自已……」

陷入了這般孤獨感中，找不到自己的立足之地。

這時候感受到的是，這種孤獨感**不是朋友或情人造成的，問題是出在自己身上**。

當時的我是典型的依賴型人格，內心強烈地希冀著：「誰快來帶給我幸福吧！」因為**我沒有自信能帶給自己幸福**。

因此我老是期待著「只要跟值得信賴又優秀的人在一起，對方就一定能帶給我幸福」。

但一個人若是以這樣的心態和朋友或情人相處，你覺得會發生什麼事？

大家並非為我而活，理所當然地不會把我當成宇宙的中心。於是，當別人一直把我晾在一旁時，我就會開始搞不清楚自己為了什麼而待在這裡……

這就是「莫名的寂寞感」的成因。

要解決這個問題，只有一個辦法，那就是**為自己打造自己的立足之地**。我一邊這麼思考，一邊試圖解開這個問題：**「我是為了什麼而待在這裡的？」**

當我一而再、再而三地詢問自己，最後終於明白：「實際上我並不是為了等誰來帶給我幸福，而是想要感受到與人建立起聯繫的幸福感而待在這裡的。」

感到孤獨時……

↓

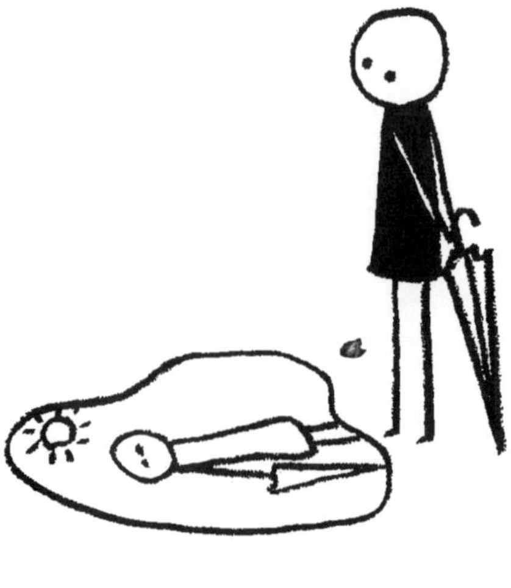

正是重新審視自己的時機。

如果再繼續深入探討，又會發現「如果自己並非處於幸福的狀態中，就無法爲別人帶來幸福」。

自此之後，我開始有了新的體認：「**自己的立足之地要靠自己去尋找。感到自己沒有立足之地時，就是要改變想法的時候。要改變的不是外在的世界，而是內在的世界。**」

或許此刻你的腦中會閃過這樣的念頭：「雖說如此，但我還是不知道怎麼樣才能與他人建立聯繫，進而感到幸福。所以繼續這樣下去的話，我永遠都沒有能力帶給他人幸福。」

其實有一個方法，可以同時實現這兩個願望。欲知詳情，請繼續看下去。

感到自己沒有立足之地時，
就要靠自己創造出「我待在這裡的理由」。

Chapter:2

2

把注意力從自己轉到他人身上

只要「拚命為自己以外的人加油」，就算外在的世界不會改變，內在的世界也會起變化。

加油的對象不限於運動員和藝人，更包括家人、朋友，只要拚命地爲其他人加油，就能讓心靈充滿生氣，人生瞬間變得豐盈。

當我們找不到自己的立足之地時，往往會一股腦兒地想著「誰來救救我吧」，結果只是陷入愈來愈深的孤獨感之中。

所謂孤獨，就是感覺不到與他人之間聯繫的狀態。

感覺不到聯繫時，就是自己內在的愛，變得無處可去的時候。

所以，眞心爲自己以外的人加油，就能讓愛開始流動，進而從寂寞之中解放。

現在請你回想一下。

你是否有過這樣的經驗：當你一心一意支持的運動員有出色表現，並贏得勝利時，你也忍不住做出勝利姿勢大喊：「贏了！」而且，你是否也從中得到了勇氣呢？

當你最喜歡的藝人展現精湛的表演時，或者贏得光榮的大獎時，你是否曾感到與有榮焉？

當我們打從心底為他人加油時，就不會感到孤獨。這是因爲我們內心傳遞出去的愛的連線，可以聯繫到對方身上。

自你的內在盈溢而出的愛，就是具有這麼大的力量。

和其他粉絲一起爲喜歡的運動員或藝人加油，是一件愉快的事，和親人朋友一起拚命爲身邊的人加油，也是一件開心的事。

到現場爲足球選手加油時，和其他支持者氣味相投，一起炒熱氣氛；或是全家在爲某個家人的夢想加油時，逐漸變得團結一致，一同解決問題。像這樣的例子在現實生活中並不罕見。

這時的你能變得無限強大、無限溫柔。

此外，擁有相同熱忱的人，也能在一個眼神之中，就能互相感到超越語言的聯繫，

當你為他人
加油時
注意力轉移到他人身上
找到夥伴
消除寂寞

這也是一種令人愉快的經驗。

找出自己所喜歡的運動員或藝人，然後打從心底爲他們加油吧！
爲朋友、家人的成功，誠心誠意地加油吧！
然後，可以的話，請你告訴對方：「我打從心底爲你加油。」
公開說出來，會讓心靈產生聯繫，也會讓你豐沛的愛一口氣盈湧而出。
而那份愛將會融化那股莫名的寂寞感。
將愛注入到自己以外的人身上，就能讓你的內在湧現一股強大的力量，而這股力量
將能跨越所有的心靈高牆。

看到有困擾的人，主動對他們說話，和他們聊一聊，試著幫助他們，光是這麼做也能讓你的內在產生變化。

Chapter:2

3

嫌麻煩而擺著不做／完美主義

「拖了這麼久，今天一定整理房間……」

「我得趕快為那時候的事，向對方道謝……」

明明有很多懸而未決的事令你掛心，但真的要你做時，又會嫌麻煩而擺著不做。你是否常常有類似的經驗呢？

可是，當這種經驗累積多了，你就會在內心一角產生自責，**責怪不能即思即行的自己，責怪嫌麻煩而拖延的自己。**

責怪就是在踐踏自我。當我們被踐踏時，會感到心痛，日子久了就會瞧不起自己，覺得自己是個無用之人。

歸根究柢，「嫌麻煩」這種負面情感，究竟是如何產生的？

請你回想一下，你在什麼時候曾心想：「唉，真麻煩。」

應該**不是在你「做不到」那件事，而是在你「做得到但不想做」的時候吧**？

這時潛藏在內心深處的，其實是「沒辦法做到完美，所以不想做」的心情。

因爲有著**「既然要做就要做到完美」的根深蒂固的想法**，所以你會想說：「要做到完美太麻煩了，眞不想做。」

此時，心中會產生兩種想法，一個是「眞不想做」，一個是「別嫌麻煩，動手做吧」，兩者互相拉扯，最後輸給了嫌麻煩的心態，而產生拖延的行爲，因此無論如何心中都會殘存著譴責自己沒用的負面情感。

而這就是**小小的自我厭惡的來源**。

你之所以**無法豁達地想說「只要做到自己能做的範圍就好了」，是因為從小到大別人一直用「○」（對）和「×」（錯）來評斷你**。

答案完全符合才是「○」，其他模糊曖昧的答案都是「×」。

考試的分數也只有「○」（完全對）才算數，從來沒有「△」（半對半錯）也算分的評分標準。

因爲一直理所當然地活在這種環境中，所以你也不知不覺開始對自己所做的事以

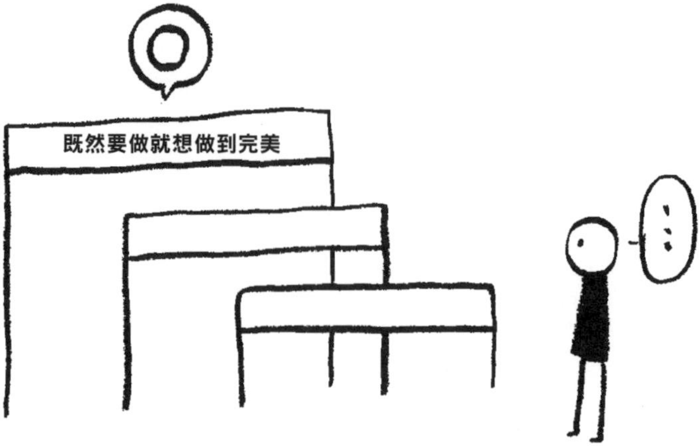

若以完美為目標，障礙又高又多。

「○」「×」來評分，只要你覺得是「×」的時候，就會嘗到挫敗的滋味。

若是數學題的答案，或許正確答案只有一個。

但人生與數學題不同。

你可以有「○」的一面，可以有「×」的一面，也可以有「△」的一面。甚至應該說，人有這些面向是理所當然的。

就算在那個當下，看起來是挫敗的、是高不成低不就的，也很有可能在未來回想起的時候，才發現當初那樣做是最正確的選擇。

我們無須從一開始就要求做到完美，**事實上，「完美」這件事根本不存在。**

至今爲止，如果你一直在對拖延的自己打「×」的

不必追求完美，只要有「△」就好了。

話，現在就請你調整一下看事情的角度，告訴自己**「要做到完美本來就是不可能的」，並且給覺察這件事的自己打一個「○」吧。**

當你有了這樣的覺察後，再自行決定，你是要承受拖延的結果呢，還是要承受在麻煩之中姑且加以完成的結果。

因為這樣才代表你是「真正地理解自己」。

完美這件事根本不存在。
試著做出「△」的自己，
並珍惜這樣的自己。

Chapter:2

4

目標別放在「完美」，要放在「全力以赴」與「心滿意足」

人生的正確答案絕非只有一種。

事物都會不斷改變。你自己也正以肉眼看不到的速度，隨著年齡而逐漸變化。當你的心靈愈成長茁壯，你就會活得愈幸福。

因此，重要的是要在每一個「當下」全力以赴地活著。

所謂「全力以赴地活著」，不是勉強自己追求完美，也不是責怪自己沒有達到完美。

所謂「全力以赴地活著」，是指「此刻能做到的就徹底去做，絕不含糊」。

今後，**無論你在做任何事時，不妨放下對「完美」的追求，改將「全力以赴」當成你的正確答案吧！**

這樣就能輕輕鬆鬆地解決掉「嫌麻煩而拖延」的惡習唷。

我為了對抗自己老是愛嫌麻煩的毛病，而重新調整了自己的目標。——我骨子裡就是個懶惰蟲，當我看到奮發向上的人時，雖然會覺得自己也要看齊，但下一秒又會開始自我厭惡起來，因爲我知道我不可能變得像對方一樣。都是因爲自己的完美主義，才陷入這麼負面的情緒中，所以我不需要這種完美主義！我要設定更適合自己的目標。

在這之前，**無論對任何事我都會眼高手低地立定遠大的目標，結果因為跨越不了重重障礙，而變得鬱鬱寡歡**。

於是，我將過去的這些目標，**全都重新設定成符合自己能力的目標**。具體例子如下：

．家中的打掃

我決定不打算在一天之內完成，改成「今天把廚房和廁所打掃乾淨」或「今天只擦拭玻璃」等等。絕不多做其他部分。

這麼一來，我就能得到小小的成就感，和過去結束打掃時那種「今天又半途而廢了……」的感覺，完全不同。

可是，只要一點一滴地累積的話……

‧孝順父母

我決定如果有心想要大大地孝順父母一番，首先至少也該更頻繁地跟父母聯絡。同時也先決定好下次見面時要對他們說的話，像是「抱歉，老是讓你們為我操心」或「謝謝你們生下了我」等等。

自從我第一次對父母說出感謝的話語，看到他們流露出的喜悅表情後，就讓我一改過去的想法，不再覺得那些話是沒有必要刻意說出口的話。

過去一味追求滿分而屢遭挫敗的我，透過這些經驗，才開始覺得：「不要對日常生活的小事矇混過關，一點一滴地累積小小的滿足感，才是人生的正確答案！」

如果你也以**這樣的視角環顧周遭的話，一定能發現生活中充斥著各種能獲得小小滿足感的契機**。

而且不只如此，你還會更進一步發現，他人是如何不厭其煩地不停為你付出。

為今天設定今天有可能達成的目標，為明天設定明天有可能達成的目標。

Chapter:2

5

摘不下老好人的面具／過剩的警戒心

小時候，只要當個「好孩子」，就能博得周圍的讚許。

當時，我一心想贏得讚許，一心想得到疼愛，而努力當個好孩子。

長大後，則是將目標轉為當個「老好人」。

可是，大人的世界與小孩的世界不同。再怎麼當個老好人，也不會因此贏得讚許或得到疼愛，結果反而是被人調侃說「你看你，又在裝好人了」，或被嫌棄說「老好人不就是很無趣的人嗎？」

即使如此，**我還是怎麼也摘不下「老好人的面具」**。

我並不是要否定「老好人」。如果骨子裡就是個老好人，自然連裝都不用裝，當然也能博得周圍的好感。

但當初的我是害怕「如果表現出眞正的自己，一定會被討厭」，因而勉強自己和顏悅色地去配合對方，或強迫自己什麼都要接受。

證據就在於，當時我**內心充滿了糾結，一直覺得：「我明明想拒絕卻不敢拒絕，我怎麼這麼沒出息。」「為什麼我要去討好那種自私自利的人！」**

我的心靈逐漸被磨損，和他人之間的相處也開始變得艱困，我才終於感到危機意識，覺得：「要是我再繼續戴著這副老好人的面具的話，幸福會離我愈來愈遠……」被逼到走投無路時，我才懸崖勒馬，下定決心：「被討厭就被討厭吧。我已經受夠偽善了！我要活出原本的自己。」

即使如此，一開始要拒絕別人的請求時，還是令我心驚膽跳。

「硬是要做，也不是做不來，只是我還有其他更想做的事。」我向對方據實以告地道了歉。

沒想到，對方竟然很爽快地作罷，完全沒發生任何問題。

後來拒絕別人的邀約時，結果也是如此。

當我回說：「我實在提不起勁來……」對方便回答：「是喔，那就等下次有機會

當你想當一個對大家而言的「老好人」時，
就會被「老好人」的面具壓得喘不過氣。

嘍。」

這時我才發現，長期以來我一直自以爲是地在心中築起一道高牆。這是一道想要保護自己不被他人討厭的高牆，說穿了就是一種過剩的警戒心。

正如好孩子就是「對父母而言很好掌控」的孩子，**老好人也不過是「對對方來說很好掌控」的人而已。**

所以，**當我們對每個人都想當個容易被掌控的人時，就會不時勉強、強迫自己，最後會感到心力交瘁也是理所當然的。**

對你而言，最重要的事並不是當個「老好人」，而是當個「眞實的人」。

老好人的面具會將眞實的你隱藏起來。當你拋開老好人的面具時，最眞實的自己才會浮上表面。

當個「真心的人」，而不是「老好人」，
才能讓自己和對方都感到輕鬆自在。

當你給人的印象是「這個人眞誠實」時，才是一個「無以復加的好人」喃。

感到害怕時，請不要立刻回答，
先做一次「說『不』的彩排練習」，
再試著拒絕對方。

Chapter:2

6

改變動機的話，就能停止當老好人

對周圍的人太過小心翼翼，不敢摘下「老好人面具」的你，請丟掉那壓迫人的面具，更優遊自在地過活吧！

你的一舉一動背後是否經常帶著「不想被同伴排擠」「不想讓別人失望」的心情？不想被任何人討厭的心情雖然我也能感同身受，但**只要你的行動背後帶著懼怕，你就無法在當下的場合中盡歡**。

舉例來說，你參加一個公司的飯局。

在那個場合中，**最重要的不是「別人眼中的自己是什麼樣子」，而是「自己在那個場合有多盡興」**。

和你一起度過時間的人，不會被凡事看人臉色的你吸引，反而會被主動享受當下的你吸引。

以下是我爲了丟掉老好人面具所做的努力。

一開始，我改掉了做事情的「動機」。

將「我怕事情會變成怎樣怎樣」改成「我怎樣怎樣做的話一定會很開心」。

曾經發生過這樣的事。有朋友邀我參加一場「文化人交流會」，我雖然覺得參加宴會眞累人，但還是去了。

我事先爲此行找出了「有趣的動機（目的）」。

・找出帥哥排行榜和時尚排行榜的前十名。
・盡情地享用美食，把參加費賺回來。
・多聽別人說的笑話或工作之道，自己以後也能拿來運用。
・猜猜有哪些參加者有著和自己相同的心情。

像這樣替自己製造愉快的目的，就不會因爲一邊陪笑臉一邊擔心他人怎麼看自己，而感到筋疲力竭，反而能度過加倍快樂的時光。

請你也積極爲自己要做的事，找出有趣的動機吧！

接下來是停止對每個人都「擺出一副好臉色」。

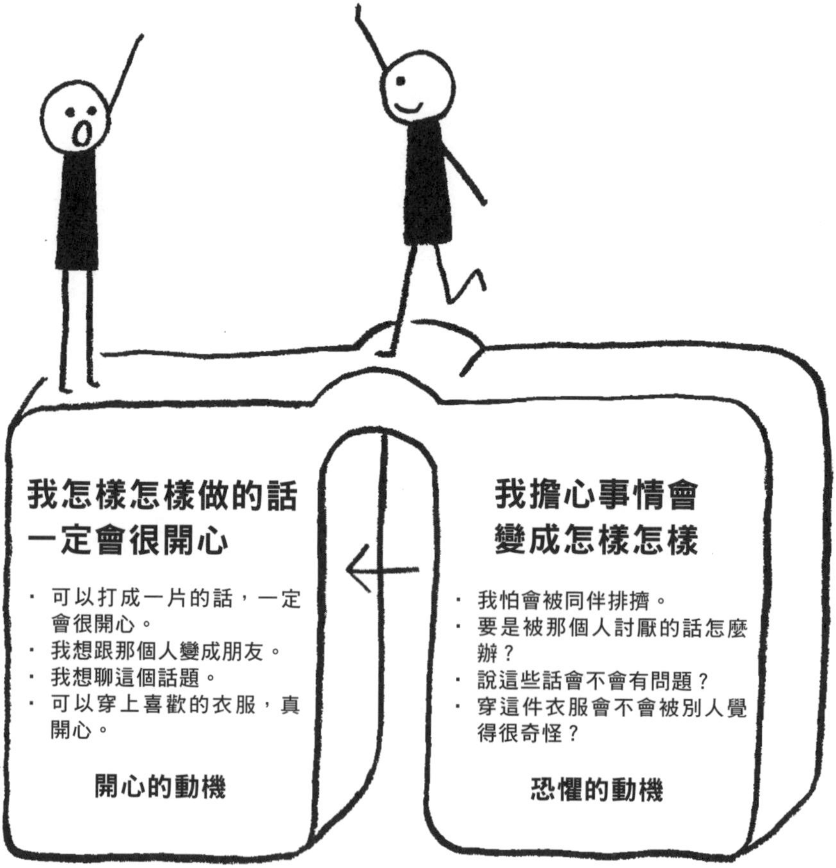
我怎樣怎樣做的話
一定會很開心
・可以打成一片的話，一定會很開心。
・我想跟那個人變成朋友。
・我想聊這個話題。
・可以穿上喜歡的衣服，真開心。
開心的動機
我擔心事情會
變成怎樣怎樣
・我怕會被同伴排擠。
・要是被那個人討厭的話怎麼辦？
・說這些話會不會有問題？
・穿這件衣服會不會被別人覺得很奇怪？
恐懼的動機

因爲**擺出好臉色，不見得能讓你在人際關係上暢行無阻**。

仔細思考就會發現，要每個人都喜歡自己，根本就是不可能的事。**無論我們再怎麼繃緊神經地待人處事，會討厭我們的人就是會毫無來由地討厭我們**。

因此，我所做的就是直接看開，「你要討厭我是你的自由，隨你便吧！」

請你在**心中允許周遭的人有討厭你的自由**。這麼做，心情一定會變得十分輕鬆。

像這樣慢慢放下自己心中的恐懼，你就能丟掉老好人的面具，展現出最眞實的自己。

你最迷人的模樣，就是當你展現眞實自我的模樣。

抬頭挺胸告訴自己：「這樣的我雖然不是完美的，卻是眞實不虛的。」然後愉快地享受人生吧！

把動機從「別人怎麼看我」改變成「我想要怎麼做」。

Chapter:2

7

無法擺脫內在的情結／自卑感

「我的口才很差。」有很多人都有這種想法。

如果你是其中一人，而且覺得「我就是因爲口才差，才吃了這麼多虧」或「因爲口才差，所以我不擅與人交際」，那我得告訴你，這只是你的錯覺。

當我們偶爾遇見「口若懸河」的人時，確實有可能感到羨慕，**但你的問題並不是出在「無法辯才無礙」，而是出在「你對無法辯才無礙這件事感到自卑」**。

「自卑感」正在蠶食著你的心靈，趕快跟自卑說再見吧！

會令人感到心痛的自卑感不限於口才，懷抱著任何自卑感都是沒有意義的。

因爲這樣**不只會掩蓋住你與生俱來的優點，還會束縛住你的心靈，讓你無法發揮出你原本擁有的能力**。

當然，或許有些人能在自卑中化悲憤爲力量，告訴自己：「我也做得到！」進而成功擊敗自己的弱點。那種人在克服自卑的過程中所付出的努力程度，絕對是令人聞之鼻酸的。

但一般而言，當一個人懷有自卑感時，心靈就會像吞下了鉛塊一樣沉重，因而變得畏畏縮縮。

就讓我說一個故事，這是發生在來找我諮詢的一名女性身上。

她說她對自己的容貌極爲不滿，才能也在一般之下，簡直就是一個「渾身上下全是自卑」的人。

她一見到其他人就嘆氣，如果別人安慰她，她就會用一句「你根本不了解我的心情」擋回去，無論再怎麼列舉她的「優點」，她也只是不斷搖頭……

她逃不出強烈的自卑感，人生中一直肩負著痛苦的重擔，甚至還向我問道：「都活得這麼痛苦了，還非得繼續活下去不可嗎？」

以下是我對她提出的建議，同時也是給你的建言。

——當我們的心靈被自卑感所支配時，或許很難將自己的心念轉成「只要發揮自己與生俱來的魅力就好了」。

然而，只要我們能夠除去些許的自卑感，就能讓心靈產生縫隙。

自卑感

安排出一個能「不要拿自己跟任何人比較」的時間，
將覆蓋住心靈的自卑感一點一點地移除。
關鍵就在於為自己製造出第一道縫隙。

如此一來，就會像從水泥縫隙間長出的雜草一般，你的心靈也會萌生「我要以自己原原本本的樣子活下去」的心情。這種心情真的就像雜草一般堅韌，即使再次受到自卑感的侵襲，也不會有所動搖。

你一定也能變成這樣。

要除去當下的自卑感，唯一的方法就是「不要拿自己跟任何人比較」。

只要一比較，勢必得分出優劣，但不比較的話，你在這世上就是「獨一無二的自己」，於是你也會開始將注意力慢慢放在自己的優點上。

就算一開始還是會不自覺地想要跟他人比較，但每當比較的念頭升起時，請你告訴自己「我沒有必要跟任何人比較」，並把你的注意力拉回到「獨一無二的自己」身上。

你這一生不可能扮演別人的角色，只能夠詮釋你自己。

正因如此，當你開始自由自在地活出自己的個性時，幸福感就會隨之而來。

【安排一個時間，讓自己可以阻絕一切他人情報，只思考關於自己的事。】

Chapter:2

8

一定有什麼是除了你以外無人擁有的

你原本就是獨一無二的人，無法跟任何人比較，但又爲何會嘗到自卑感刺痛心頭的滋味呢？

這種經驗是爲了讓人在陷入自卑後，體驗心靈變得消極，人生變得無趣的感覺。

更進一步來說，這是爲了讓我們能對其他陷在自卑之中的人感同身受。

只要知道這一點後，自卑感就可以功成身退了。

請你在自己的內在創造出一個無關乎自卑感或優越感的世界，並與獨一無二的自己祥和地生活下去。

外在的世界充滿了各種價値觀，所以我們會碰到比較討人喜歡的人，也會遇到會說出挖苦、批評等無心之言的人，但我們不該因此就感到挫敗。

你有必要靠自己來守護自己。

在每晚睡前對自己說：**「我是獨一無二的，無法跟任何人比較。」**讓自己不再爲他人的一言一行而鑽牛角尖。

在一天的結束之際，回到「原本的自己」，將自卑感與你的人生切離。這時候要讓自卑感無法再靠近你。

「就算脫離了自卑感，我的口才還是一樣差，這要怎麼辦？」如果你有這樣的疑問，請放心。

當你的心靈脫離自卑感的支配後，你就沒有必要再和任何人比較，因此「口才差」對你來說就會變成是一種「說話時慎選字句」的個人特色，換言之，只是你的個性而已。

當你有這樣的想法時，你覺得在態度上會出現什麼樣的變化？

很可能是**變成一邊慎選字句，一邊「從容不迫」地說話吧。**

而「從容不迫」就是和過去最大的不同。

再者，你可能會衍生出不想依賴語言，而想「用更多手勢和表情來傳達心意」的想法，於是開始在鏡子前研究自己的手勢、姿勢和表情。

另一方面，你可能也會用輕鬆的心態冷靜觀察能言善道的人，於是你會開始注意到

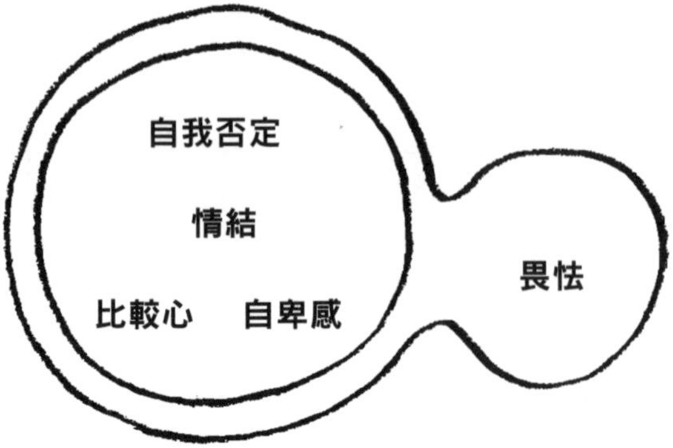

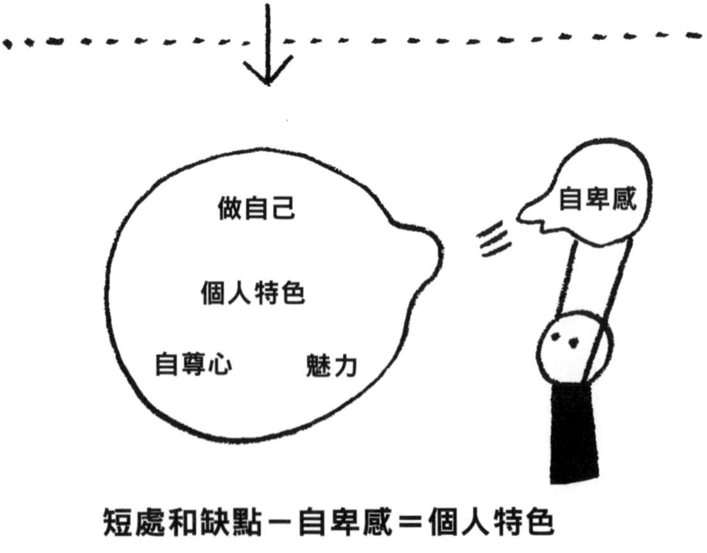

短處和缺點－自卑感＝個人特色

不和他人比較的話，
就能將情結變成個人特色。

每個人的人性。屆時，你一定會更加相信「人的魅力不是取決於口才，而是取決於內在散發出的氛圍」。

現在就請你試著想像一下：

「當我由內而外閃閃發光的話，那我每天早上會以什麼樣的表情上班？……」

「如果我變得比以前幸福的話，遇到人時我會以什麼樣的語調跟對方說話？……」

你想像出是不是一個臉上浮現親切笑容，開朗地與人打招呼的自己？你說不定還想起了自己理想中的女性形象，想像有著那般舉止的自己。

那應該就是你長久以來「想要成爲的自己」。

你已無須再和任何人比較，無須再感到畏怯，就照著「自己想像中的樣子」行動吧！

將自卑的情結，換成「個人特色」和「魅力」來稱呼之。

Chapter:2

9

被負罪意識糾纏不放／罪惡感

「毀了約」「說了謊」「打了小報告」「工作偷懶了」「在路上亂丟垃圾」「沒有讓座」……能讓我們感到罪惡的事不勝枚舉。

這類小事往往也會輕易地令我們陷入罪惡感中。

恐怕沒人是一生從來沒有過任何負罪意識。

孩提時代，你是否曾因辜負了父母或朋友的期待，而經歷過一種「無法言喻的難受感」？

其實這就是一種「小小罪惡感」。

這種小小罪惡感在我們成長的過程中日積月累，愈堆愈高，於是**現在每當我們感到自己辜負了周遭或社會的期待時，就會陷入強烈的罪惡感中**。

比方說以下幾種例子：

「明知道帶給他人麻煩，自己卻逃避不敢面對……」

「辜負了別人對自己的信任……」

「自己明明可以幫助那個人，結果卻沒那麼做……」

但一個人若是抱持著強烈的罪惡感，絕對無法活得自在。

因爲我們會在不知不覺中覺得：「我這種人必須受懲罰。」

於是，**我們的下意識裡潛藏著一種「我不能得到幸福」的心理**，在這種心理的運作下，就算跟喜歡的人兩情相悅了，也會自己親手毀了這段關係；或者是當工作只差一步就能完成時，會犯下不該犯的失誤。

「怎麼可能有這種事！」你是不是這麼想？

因爲這是**潛意識運作的結果，所以本人會在渾然不知為何如此的情況下承受著痛苦**。

所以才會是一種「懲罰」。

這不是上天在懲罰你，而是你一直在不自覺中懲罰著自己。

就趁現在解開你心靈的束縛，改變那種「我得贖罪」的想法吧！

放下罪惡感的包袱，除去心頭上的堵塞物，讓自己活得更自由自在吧！

我們每個人都是不夠成熟的個體，因此經常在為了自己的事汲汲營營之時，不小心傷害到他人，或犯下違背自己本意的過錯。

這樣的你絕對不是特例。

所以，就算過去體驗過的愧疚感令你心情沉重，也不必爲此而懷有負罪意識。

那只是**因為當時的你沒有其他選擇，那是你唯一所能做到的而已**。

更進一步來說，一切都是爲了讓你從中得到學習啓發，才要讓你經歷許許多多的負面情感。

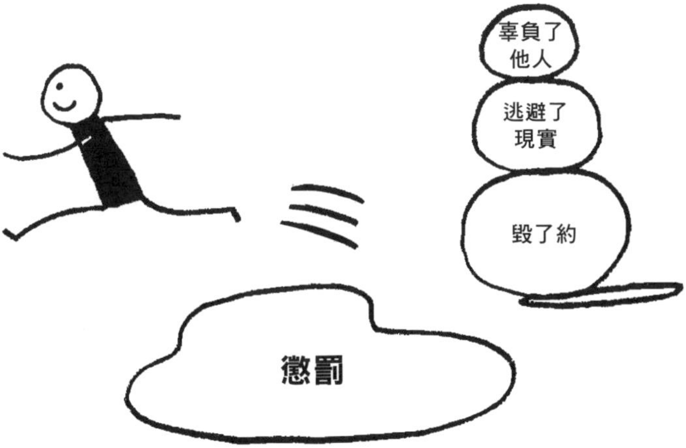

接納這樣的想法，進而克服自己的罪惡感吧！

「想想看從罪惡感的經驗中，
你獲得了什麼、學習到了什麼。」

Chapter:2

10

化「愧疚」為「感謝」

若說「贖罪」，是不是聽起來有點誇張？

那就換一個說法，你是否曾經以「我得彌補過失」或「就把這當作補償……」的心態做過某些事？

如果答案是「是」的話，那你的動機同樣是出自於「罪惡感」。

在不順利的人際關係中，**我們時常會因無意間做出令他人不快的事，而感到過意不去，或不小心惹對方發火，而覺得自己把事情搞砸了。**

但我們若是每遇到一次，便在心裡多累積一分罪惡感的話，就會愈來愈不敢暢所欲言，愈來愈容易做出一些原本根本不想做的事，於是內心的壓抑與忍耐與日俱增。

你若是因此而感到活著很痛苦的話，就請你告別這種生活方式吧！

就算只有一丁點的罪惡感，也能在人的內心留下陰影。

我曾爲了不知如何與罪惡感徹底切斷關係，而煩惱了很長的一段時間。

——從自己的個性來看，要完全改掉「無意間」「不小心」犯下的錯誤，根本就不可能。但我又不希望每回遇到這樣的狀況時，就感到「我又犯了」「被我搞砸了」的負罪意識，進而落入「我得彌補過失……」的陰沉情緒中。到底有沒有什麼好辦法可以讓人擺脫罪惡感？……

經過多年的煩惱之後，我終於找到了答案。

「只要把罪惡感化為『感謝』就行了。」

我發現，**我可以把所有的愧疚，都置換成感謝**。化解了罪惡感之後，心情就會頓時變得豁然開朗。

要得到安心感的最好辦法，就是「感謝」！

舉例來說，**當你覺得「我害朋友感到受傷了」的時候，就立刻轉換成感謝的想法：「即使如此，他還願意繼續當我的朋友，真是謝謝他。」**就算沒有親口向朋友說也沒關係，只要悄悄地在心中暗想就可以了。

愧疚
・即使如此，
對方還是願意繼續
當我的朋友。
・同事向我伸出了援手。
・父母願意愛著像
這樣的我。
・讓朋友感到受傷。
・工作上帶給同事麻煩。
・沒盡到孝道。

當你覺得「工作上給別人添麻煩了」的時候，就對幫忙你的人說「謝謝你伸出援手」，或對上天說「感謝老天給了我一次寶貴的經驗」。

告訴你一個無論何時、何種狀態都能使用的萬能感謝句——

「感謝上天願意讓這樣的我活在這個世界上！」

當我因爲工作繁忙而覺得「我都沒有盡到孝道」的時候，我就會用感謝的心情想著：「感謝父母願意愛著像我這樣的女兒。」心裡就會變得暖洋洋的，此時和內心充滿愧疚感的時候相比，有如天壤之別。

你不妨也嘗試看看。

讓感激之意自心中湧現，就是讓「愛」自心中湧現，帶給我們人生動力。

而我們也能因此懷著一顆溫暖而開闊的心靈，大步地向前邁進。

【與其說「對不起」，不如說「謝謝」。】

Chapter:2

11

因爲自己沒有的而嫉妒他人／不公平感

「聰明美麗的女生人人愛，而我長得又醜，腦筋又不好，這樣的人生簡直一無是處。想到人一生下來就會有這麼大的差別，就覺得很不甘心……這世界眞的太不公平了。」

聽到一個一臉稚氣未脫的年輕女孩這麼說著，讓我想起了過去的自己，而不禁苦笑起來。

「我年輕時也經常有這樣的想法，我非常能體會妳的心情。可是，如果妳擁有的是不同的長相和能力的話，妳就不會是現在的妳了。這麼一來，妳就會有不同的煩惱喔。」

「咦？什麼樣的煩惱？」

「聰明美麗的女生，走到哪裡都會有人吹捧，對吧？這麼一來，她們就會習慣於別人給她們的特殊待遇，而不自覺地高傲起來，於是人生就會遭遇挫折。因爲一個人能不能長長久久地受人喜愛，是取決於性格。」

她低下頭稍微思考了一下，接著一臉下定決心的表情抬起頭來。

「我一看到條件比我好的人，就會跳過羨慕，直接嫉妒起對方來。我實在好討厭這樣的自己……我想要改掉我這種彆扭的個性！」

嫉妒這種負面情感可分爲兩種類型。

一種是執著於自己喜歡的人，而感覺到的「吃醋」。這種情感其實是來自占有慾。

另一種則是因爲得不到自己想要的東西，而對他人產生的「妒忌」。這種情感是**來自不公平感**。這名受諮詢者所感到的嫉妒，就是這種妒忌。

「妒忌」是從我們一懂事，就會產生的情感，所以每個人應該都有過切身經驗吧。你是否曾經感到「爲什麼好處都在那個人身上，眞不公平」，或者「我也想擁有跟大家一樣的東西」？

請你回想一下，最近有哪件事令你感到妒忌。

在這刺痛胸口的負面情感背後，究竟隱藏著什麼樣的想法？

是否存在著**「為什麼就我沒有?!」**的**「不公平感」**？

我們經常會對他人感到：「眞好，眞羨慕。」

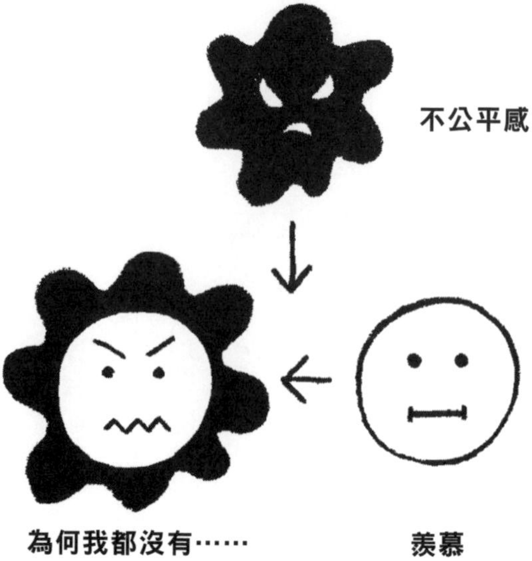

但**只是「羨慕」的話，並不會產生妒忌**。

問題出在，如果此時我們又陷入了「扭曲的思想」中，一味地想著「反正我就是喪家犬」「再怎麼努力我也贏不過人家」**「為什麼一生下來，人家有的我都沒有」，就會產生妒忌**。

這正是製造出痛苦的根源。

當你因爲妒忌他人而感到痛苦時，其實就是你的扭曲思想正在折磨你自己。

如果你不能發現這一點的話，你因嫉妒而產生的偏見，不知不覺就會在你的言行中變得愈來愈醒目，而你也會開始說話挖苦他人。

請在事情演變成那樣前，重整好你的心靈吧！

只要不讓「羨慕」的情感發展成「妒忌」就行了。

停留在「羨慕」，
不要著重於不公平感。

別去列舉哪些東西是自己沒有的，
要列舉哪些東西是自己已經擁有的。

Chapter:2

12

停止對自己與他人挑毛病，改爲找優點

自從遇到那個女生後，就一直以欽羨的眼神看著她，因爲對方在各個方面都比自己出色，但不知曾幾何時，自己的心靈被「扭曲的思想」占據，對對方愈來愈妒忌……

你是否也有過這樣的經驗？

我有過。當時，我完全看不到她過去付出了多少努力，只妒忌著她現在充滿自信的模樣，以及她因爲成就而獲得的一切。

就在此時，我聽到關於她一路以來努力對抗先天疾病的傳聞，才知道她是克服了多少的苦難，才有今天的成就。

俗話說「他人的不幸甜如蜜」，心靈被妒忌蠶食而感到不幸的人，或許眞的能從他人的不幸中，得到「不幸的不是只有自己」的慰藉感。

然而，如果愛上那種甜如蜜的滋味，對他人的不幸幸災樂禍，或藉由背地裡說人壞話而得到快感的話，可就大事不妙了。

因為，**「挑別人的毛病（不幸）」，其實就是讓自己陷入不幸的「人生陷阱」**。

人類具有「把平時對待自己的方式，用在對待別人身上」的習性。**如果盡是挑別人毛病的話，平時也會開始熱中於挑自己的毛病**。於是我們就會變得愈來愈自卑，心靈也變得愈來愈扭曲。

對於自己的心靈被妒忌占領一事，我深切反省，並下定決心：以後對他人感到羨慕時，就要在萌生嫉妒心前，承認對方是出色的，並努力找出對方的「優點」。

「優點」指的是表面看不見的努力或信念。因為我知道有了這些，才能孕育出表面所能見到的魅力與成就。

即使這麼做了，**偶爾還是會壓抑不住嫉妒心，而在心頭感到一陣刺痛，這時候我就會要自己反過來想：「那我自己有哪些優點？」**

一開始，或許想了老半天也想不出來。

過了一段時間，就會慢慢找出一些優點，比方說「努力不懈地為自己加油打氣」「無論是誰都可以是我的學習對象」，內心也會因此升起一股暖流。

優點
缺點
優

當你受到妒忌折磨時，你有三條路可以選擇：

①邁向不幸之路——看到條件比自己好的人，就嫉妒對方，拚命「挑對方毛病」之路。

②維持現狀之路——心中懷著妒忌，一直畏畏縮縮地活下去之路。

③通往幸福之路——**凝視自己的痛楚，展開「找出對方優點」之路**。

若你過去在無意之間選擇了①或②，而嘗盡負面情感，那就請你從今天起靠自己的意志選擇③吧！

「找出優點」不限於對他人，也請你盡情地找出沉睡在自己內在的那些優點。

這才是能讓你通往幸福的道路。

為你所遇見的人，各舉出五個優點。
以玩遊戲的心情練習看看吧！

Chapter:2

13

感受不到自己的存在價值／無價值感

找不到存在價值所帶來的痛苦，甚至會讓人懷疑：「自己再這樣活下去有意義嗎？……」

這種痛苦會化作以下各種負面情感侵襲我們。

「沒人需要我。」

「我毫無優點，也幫助不了任何人。」

「我這種人存不存在都沒差。」

「像我這種人，要是沒出生就好了！」

當你有這種感覺時，一定非常痛苦吧？

這時，或許你會因爲太過痛苦，而哀傷地想：「我不想要經歷這種感受了！」於是將「自己最想守護的心情」封印在心靈深處。

若是如此的話，請你將那樣的心情找回來吧！

治癒你的痛楚，**讓覺得「自己是活得有價值的」的心情重新甦醒**。

沒有人不想切實地感受到自己活著的價值，但心靈如果傷得太深，**而一心以為「沒有人需要我」「我這種人存不存在都沒差」的話，任誰都會產生強烈的「無價值感」**。

產生無價值感的契機，多半是來自信賴的人的一句無心之言。例如，母親的一句「早知道就不要把你生下來了」、上司的一句「眞是個沒用的員工」，或者朋友的一句「你眞讓人厭煩」等等。

若是對我們而言無足輕重的人所說的話，或許我們還能擋回去；但從**信賴的人口中說出的話語，就會像利刃一般刺傷我們的心靈**。

當我們因爲這種體驗，而否定了自己的存在價值時，心靈就會開始扭曲。

於是，就算朋友提出邀約說：「大家一塊兒出來玩吧。」我們也會消沉地想：「反正找我只是用來湊人數的。」或者擔心道：「厚著臉皮去的話，可能會被對方唾棄吧。」於是**我們就會將情感扼殺，讓自己逐漸變成一個毫無意見的人**。

· 我毫無優點。
· 根本沒人需要我這種人。
· 反正像我這種人……

感到無價值感時，請冷靜地分析看看，
如果自己不在的話，
家人、同事、朋友會有多麼困擾，
藉此看清自己的價值。

或許你會想：「凡事冷眼旁觀，不要有任何意見，就不用在意別人認不認同，反而輕鬆多了。」但這世界上沒有人是能毫無情緒感受的。

如果你不斷無視自己的負面情感，會發生什麼事？

你的心中就會產生**「找不到出口的憤怒感」**。

這種憤怒感可能會讓人變得孤僻，或變成引發反社會行爲的導火線，還有些人則是因此陷入各種成癮症，像是酗酒、強迫性購物症、工作成癮、網路成癮等等。

「反正像我這種人……」的貶抑想法，雖然只是小小的無價值感，但會一步步蠶食你的心靈。趁現在趕緊療癒好這種傷痛吧！

「反正像我這種人……」的貶抑想法是心靈的SOS，千萬不要無視其存在。

Chapter:2

14

改寫人生腳本

當下所擁有的「無價值感」，是來自過去的體驗，而這些體驗都是我們再也不願想起的往事。

或許你以爲**你已將當時感受到的負面情感封印在內心深處了，但那些情感並未消失**。

我們的心靈有著一層層的構造，傷痛若是被我們無視，就會落入心靈的深層。

換言之，**在我們的心靈深處，傷痛依舊存在**。

在這些傷痛的作用下，人會無來由地變得有自虐傾向，或忽然感到莫名的空虛而躲入自己的世界不肯出來，又或因爲感到焦躁而對他人變得充滿攻擊性。

如果你也有類似經驗，那就請你跟著我一起踏上修復之路吧！

要治癒無價值感，就必須先撬開封印的記憶之門，讓不願想起的往事重見天日。

這麼做或許會有點難受，但還是請你務必回想起那件令你感到絕望而深深受傷的往事。接著，**請找出當時被輸入進你潛意識中的「我老是怎樣怎樣」的「悲劇腳本」**。

這類腳本應該也會在後來重複出現。比方說，「我老是在只差一步時把事情搞砸」或「我老是當那個吃力不討好的角色」等等。

我們現在就要把那齣無心輸入的腳本重新改寫。

請你試著想像，**如果把前述的腳本「我老是在只差一步時把事情搞砸」，改寫成「我已經盡力把事情完成了，所以可以放心了」**，這麼一來心情會有多輕鬆自在。

十幾年前，我在網路諮詢上的回答，曾經得到別人極差的評價。

那時我非常沮喪，於是在心中寫下了這樣的腳本——「我所做的事都是沒啥大不了的事」。

正當我意志消沉，想要中止公開諮詢時，我察覺到自己陷入了悲劇腳本中，於是便將腳本加以改寫：

「我微不足道的諮詢，一定能在某個地方為某個人帶來笑容。」

自此之後，網路上的反響就改變了，我也打從心底感到這是份意義非凡的工作。

正視一段撕心裂肺的體驗，是非常痛苦的事，但最重要的是你必須察覺到「在那之

寫下腳本的人是自己

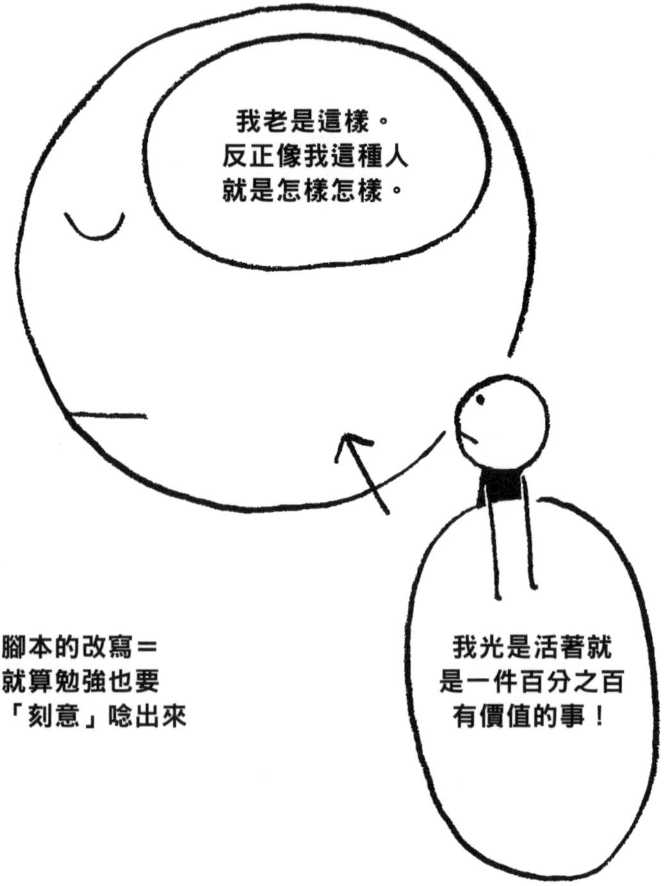

腳本的改寫＝
就算勉強也要
「刻意」唸出來

後自己所創造出的腳本」。

你的人生故事的腳本，不是由別人，而是由「你自己」寫成。

光靠你的意志，就能改寫主角將會體驗到什麼樣的情緒感受。

改寫完之後，請你每天大聲唸出你的新腳本。

這是一種稱爲「肯定語」（affirmation）的心靈修復法。舉例來說：

「我光是活著就是一件百分之百有價值的事！」

「我將會變得強大。我將靠自己開拓我的人生！」

「我將來絕對會遇見深愛我的人！」

打從心底不停複誦著這些願望，讓幸福的腳本滲透進你的潛意識吧。你的未來絕對會因此而改變喔！

【描繪出理想中的自己的腳本，然後放聲唸出來。】

Chapter:2

15

有無法原諒的對象／被害意識

你覺得什麼樣的負面情感，會對你的身心造成最大的傷害？

那就是「憤怒」。

如果是「有點不爽」也就算了，但若是憤怒到伴隨著憎恨感，覺得對方「死都不能原諒」，那就糟到極點了。

之前曾有一名女性來向我尋求諮詢，她遭到拋棄後痛苦得無法上班。

「那男人把我當破抹布一樣丟棄，我好痛恨他。我一定要報復。」

「妳想對哪件事報復？」

「那男人明明都答應跟我結婚了，還外遇出軌。害我失去了結婚的夢想，失去了工作，掉進不幸的深淵。我簡直就想一死了之了，但他現在還跟那女的兩個人逍遙快活！」

「原來是這樣啊……那**妳一定是想從痛苦到想要一死了之的憎恨和不幸中脫離吧？如果可以脫離的話，是不是就不用報復了？」**

她微微地點點頭。

驅動了她的復仇心態的是強烈的憤怒。憤怒轉成憎惡，憎惡像一塊沉重的大石，把她的整顆心拖入了深淵。

我想，最好的特效藥就是將撕裂心靈的憤怒加以治癒。

「可以讓妳的心靈復元的，不是報復，而是『原諒』。」

此語一出，她立刻露出難以置信的表情說：「我絕不可能原諒他的。」

「不是要妳原諒他。而是要妳原諒妳自己。」

「我自己？……」

「沒錯。原諒遭遇到悲慘經驗的自己。如果妳能做到，妳的心靈就能復元。」

你是否也曾有過這樣的經驗：在和家人或和其他人的親密相處之中，心靈受到了深深的創傷，而感到「絕對不能原諒」。

絕對不能原諒！
為什麼我會遭遇到這種事?!

被害意識

這時候，你大概會爲自己感到悲哀和同情吧！

但追本溯源，就會發現無法原諒的情緒，是來自於自己對自己的憤怒，因爲我們覺得：「我的人生不該是這個樣子！」「爲什麼我會遭遇到這種事！」

因爲這股憤怒無處發洩，所以我們就會憎恨看起來像是加害人的對象。

有時甚至會因爲找不到加害人，而憎恨全世界，憎恨自己爲什麼被生下來。

可是，只要你把自己看成被害人，你就不可能從痛苦中逃脫出來。

因爲，「原諒不了他」「我要給他好看」的情緒，只會讓你愈來愈失去活力。

請盡早讓自己脫離被害意識，接納受過傷的自己吧！

**脫離了被害意識後，痛苦就會消失，
自己也能繼續前進。**

原諒經歷過痛苦經驗的自己，是讓你繼續前進的唯一方式。

因爲你所灌注在自己身上的最大的愛，就是「原諒」。

【最好的報復，就是讓你自己過得幸福。
想想看屬於你的「幸福」是什麼。】

Chapter:2

16

將無法原諒的「痛」化爲成長的「養分」

如果是遭遇到天災，說不定我們能平息憤怒，接受不可抗力造成的事實，咬緊牙根繼續生活下去。

可是，**若遭受到的是他人的打擊，我們就很難甩開「原諒不了對方」的情緒**。這是爲什麼？……

這是因爲，雖然天災和人禍，都是人生中的意外災難，但人禍能讓我們輕易找到憎恨的對象，而無法從痛苦中逃脫出來。

我在三十九歲離婚時，就曾深刻體驗過這種痛苦感受。

我知道再那樣憎恨下去，只會毀了我自己，所以拚命地療癒自己的傷痛，最後好不容易讓自己重新站起來時，我才發現：「這全是爲了讓我得到人性上的成長，而讓我的前夫擔任了這個背叛太太、把太太傷害到體無完膚的角色……」

從此以後，我對於無法原諒的傷痛，有了新的看法。

「因爲悲慘遭遇而憎恨對方也無濟於事。人的一生就是會在某個地方，擔任讓某個人憎恨的角色，藉以促使各自得到各自的成長。從這個角度來看，我和傷害我的人不過是『彼此彼此』。只要得到了人性上的成長，總有一天一定會感謝那些曾擔任過被我憎恨的角色的人吧。」

因此，在此我要提出一個建議：你不妨也試著接受以下的想法。

——我是爲了得到人性的成長而來到這個世界上的。**成長需要「教材」，因此討厭的人會出現在我的人生中，討厭的事也會接二連三地發生，但我會接納這些事實。**

這麼一來，你的心中就會萌生一股奮發向上的意志，促使你「將所有痛苦的經驗都化作成長的『養分』，讓自己變得更堅強」，於是你不會再對不滿的事記恨，也不會陷入絕望。

我們之所以會在人生中遭逢意外災難，**是因為在順遂的時候，誰也不會想著「我要改變自己」**。

然而，當人生陷入風暴，變得一籌莫展時，我們就會了解到「如果自己不改變就無法繼續前進」，進而彎下腰來虛心學習。

只要從痛苦的經驗中，汲取出你所學到的事，
就能原諒自己了。

我們每個人都是反覆在這樣的體驗中，一點一滴慢慢成長的。

若問成長後能得到什麼樣的改變，那就是你將能接受那些原本不希望發生的事情。

同時，無論是什麼樣的自己，你也都能給予肯定，進而慢慢讓「原諒」這個愛的本質在你心中覺醒。

學會原諒，就是學會使人生幸福的法則。

所以，**對某個人感到「無法原諒」的憤怒，這只是一種成長的過程，而不是件不幸的事唷**。

只不過，如果一直在這個事件中鑽牛角尖的話，只會讓你的傷口不停擴大。

如果你到現在還有任何無法原諒的對象，那就請你原諒那個深深感受到傷痛的自己吧！

原諒就是遺忘。即使還存在於記憶中，也不會存在於你的心上。就算回想起來時，你也不會再受到同樣的憎恨感糾纏。

早日放下在你心上懸而未決的久遠的憤怒，爲自己踏出全新的一步吧！

【想想看，從那無法原諒的傷痛中，你得到了什麼、學到了什麼。】

Chapter:2

17

缺乏自信／理想與現實間的鴻溝

「缺乏自信」這樣的負面情感，應該是每個人共通的經驗。

你應該也深深了解這種傷痛吧？

那麼，恰恰相反的**「對自己有自信」，是什麼樣的狀態呢**？

你是否覺得「當一個人充滿了自信，就會變得什麼都不怕」？

在來找我諮詢的個案中，對自己沒自信而造成人生困境的煩惱占了絕大多數。其中還有以下這樣的個案……

「男朋友向我求婚了，可是我沒有自信能讓他一直那麼愛我。我很喜歡他，可是我以這樣的心態跟他結婚眞的好嗎？」

其實，這位女性是在內心深處**害怕失去「自己最想要的東西」**，也就是失去婚姻。

她害怕如果兩人的婚姻出了問題，她會遭受到讓她從此一蹶不振的打擊。

你覺得，當一個人被這樣的想法糾纏時，會做出什麼樣的反應？

這個人就會這麼想：「只要一開始不結婚，就不會失去自己最想要的東西了。」

於是這個人就會掉入「明明想結婚，卻又不想結婚」的矛盾情緒中，不知該如何是好。

愈是真心想得到的事物，愈恐懼失去，光是想像著這樣東西從指間流逝的樣子，就會令自己害怕得不敢前進……

這就是**沒自信所製造出的「思想陷阱」**。

人若在不知不覺中掉進陷阱的話，就會從一開始就卻步——就算戀愛了，也會覺得不可能順利發展下去；就算得到上級重用了，也會害怕自己無法把事情做好。

然後，稍微遇到一點障礙，就立刻產生放棄的念頭，最後甚至會把自己最想得到的「活得自由自在的人生」都一併放棄。

這是我們絕對要避開的情況。

而你現在已知道這種陷阱的存在，所以就沒什麼好擔心了。

不要讓缺乏自信的傷痛，牽著你的心靈走。

現在，**讓我們把自信的有無放在一邊，先來思考一下什麼是「活得自由自在的人**

自己的20個優點

生」。

當你在想像中描繪出活得自由自在的人生時，是不是浮現出了一個理想的自己，甚至可能是個女強人？

如果想像和現實的自己差距太大的話，很遺憾地，你可能很難活得自由自在。因爲，**你的想法可能是：「這樣的我太遜了，我根本不能接納這種自己！」而當你愈是這樣否定現實的自己，你就愈會失去自信**。你也會爲現實和理想的自己之間的落差，感到痛苦不已。

對自己沒自信的傷痛，其實就是來自無法接受現實的自己的傷痛。

而重點在於，不要將眼前的自己全盤否定，張開你的雙臂好好地接納自己。

【寫下二十個自己的優點或專長。】

Chapter:2

18

停止自我否定，蒐集成就感

你若有凡事拿「能力好的人」和「能力不好的自己」相比較並陷入沮喪的傾向，那就請你試著這樣想：

「假設**這世界只有自己一個人，這樣就沒有能力好不好的問題。自己所做的事就是世上的一切**，而這一切將會開創出自己的人生。帶著這種想法，別去在意他人，做自己就好。」

你並非贏過別人，就會產生「自信」。

因爲贏過別人而志得意滿，這叫做「自傲」。這種東西只要經過一次失敗，就會瞬間粉碎。

自傲與自信是完全不同的兩回事。

自信是來自於「絕不矇混過關，要讓自己完全燃燒」的決心。

生。

如果你對自己該做的事，有著「要做到不留任何遺憾的決心」，自信自然會隨之而

光是這樣就能產生自信的話，你不覺得十分值得一試嗎？

再小的事都沒關係，對某件事抱持著「絕不矇混過關，要讓自己完全燃燒」的決心去做做看吧！

只要你能下定決心，做到不留任何遺憾，你就一定會分分秒秒都全力以赴地去做。**在這樣的完全燃燒之後，你將會得到「成就感」**。

如果對身邊瑣碎的小事都做到徹底而不含糊的話，就會在一次次的累積中得到小小的成就感。請你盡量蒐集這種成就感，愈多愈好。

平時若有什麼事讓你覺得「其實換成這樣做比較好」，那就務必藉這個機會執行吧！

比方說：

- 有開心的事就要當場說出來。相同地，感謝函也要在當天寫好。
- 不加入背地裡說人壞話的行列，反而要率先在背地裡誇讚他人。

日常生活的小事

- **有開心的事就要當場說出來。**
- **今天不在背地裡說人壞話。**
- **主動向人打招呼。**
- **笑著完成工作。**

・主動向人打招呼。一定要看著對方的臉回話。

・接下來的工作要笑著完成。家事要一邊哼歌一邊做。

・就寢前，回想並感謝今天所發生的一件好事。

你應該喜歡遵守約定的人吧？

因爲「值得信賴」的感覺很不賴，對吧？

當我們遵守了與自己的約定時，就是得到小小成就感的時候。

盡量蒐集許多小小的成就感，就會孕育出「對自己的信賴」，也就是孕育出「自信」。

就算有時自己還是會做出矇混過關的事，也不用慌張。這時候，**就重新下定「要讓自己完全燃燒」的決心吧！**

像這樣不斷提高對自己的信賴，你就會產生要爲夢

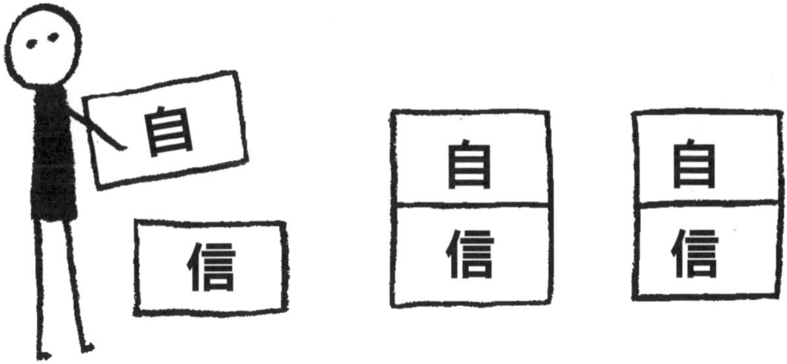

想而讓自己完全燃燒的決心，同時你的心中也會孕育出與其相應的自信。

「立定容易達到的目標，一件一件地確實達成。」

Chapter:2

19

對未來極度不安／習慣悲觀思考

絲毫無法活得隨心所欲……你是否也曾懷著這樣的焦躁感，對未來不安到了極點？

「以後會怎樣沒人知道，誰也不能保證未來能順遂地過下去。不對，會過得不順遂的可能性或許還更高。」當我們這麼想時，看事物的角度就會變得悲觀起來。

請不要養成習慣，**將一切都當成造成焦慮的來源，把未來想得黯淡無光**。因爲，這種習慣不僅會粉碎自己的夢想，甚至有可能毀了親朋好友的夢想。

A小姐是一個有這種習慣的人，她的好朋友向她提起了自己最近的想法：

「我不適合當個上班族，所以我想乾脆辭掉公司的工作，改行去當健身房教練。妳覺得如何？」

一聽到換工作，A小姐就立刻緊張了起來。

「這樣薪水會比現在還要少吧？」

「嗯，但是我想換工作也不是爲了錢啊。」

「上了年紀以後就不能再當健身房教練了吧？」

「也是啦，但那些到時候再說就好了。只要有專業知識的話，就不怕沒飯吃吧。」

「……妳寧可冒這麼大的風險，也想辭掉公司的工作嗎？」

「不是想辭掉工作，是想要實現夢想！」

雖然自己也很想替好友的夢想聲援，**但不管對什麼事都只能看到悲觀的一面，這就證明了你也一直對自己說著這樣的話**。

明天會發生什麼事沒有人知道，所以**任誰都會抱著不安。問題不在於是否懷抱不安，而在於你會不會煽動這種不安，讓悲觀的想像不斷加深**。

你應該也有過類似的經驗：在剛努力學會如何騎腳踏車時，**愈是提醒自己「不要撞上電線杆」，愈是會朝電線杆撞過去**。

不要撞上電線杆的訣竅，其實是完全不理會電線杆，認真地看著自己的目的地，把注意力集中在通往目的地的方向。

如果把腳踏車的騎乘套用在人生的駕駛上，那**電線杆就是「擔心會變成那樣」的不安，目的地就是「希望未來變成這樣」的心願**。

當我們愈是想著「不可以去煽動不安」，就會變得愈不安，到最後就會把擔心的狀況吸引進現實中。

當不安浮現時，我們就該把它丟在一邊，不要加以理睬。同時，我們應該把自己的注意力放在「希望未來變成這樣」的心願上。

與其把時間花在想像還沒發生的壞事，還不如用來想像自己希望變成什麼樣子，讓自己沉浸在幸福感中。

請記住，想像力就是創造力。

趁著醒著的時候，多想像一些光明的未來，把那些想像吸引到你的現實中。

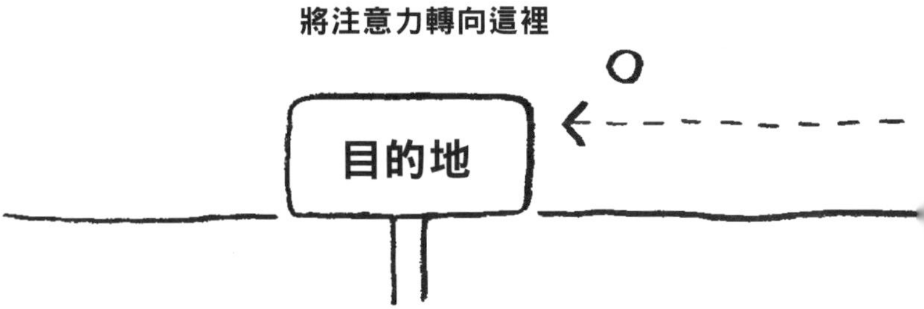

「讓自己養成習慣，當自己忍不住要想「電線杆」的時候，就趕緊把注意力轉到比電線杆更遠處的目的地和前進方法上。」

Chapter:2

20

化不安爲勇氣，實現你的願望

你若不處理內心的不安，到了明天不安恐怕依舊存在。

但「今天」若做了某些改變，明天就會有不一樣的未來。

請不要把當下的不安帶進你的未來。

這件事一點都不難，**其實你在小時候，就是像這樣克服了一件又一件的不安。**

舉例來說，你現在之所以不會擔心「自己能不能把九九乘法表背到最後」，是因爲你在小時候很努力地背了起來。

「能一個人搭電車嗎」「能一個人生活嗎」「能一個人前往國外嗎」「能談一場好的戀愛嗎」……這種種不安其實都一樣。

在你心想「希望能變成這樣」時，你就開始戰勝當時的不安，做出全新的行動，並將未來一一改變。

而今後你也沒有必要再逃避任何不安了。

你反而應該化不安爲力量，進而得到自己想要的未來。

你覺得不安能化作什麼樣的力量？

那就是「勇氣」。

不安與勇氣可說是背對著背、一陰一陽的能量，所以當你的心頭充滿了無限的不安時，就代表你也擁有無限的勇氣。

當你開始擔心「是否能順利進行下去」時，就想像著你的目標，像是「我要這樣做！」「我想變成這樣！」讓自己熱血沸騰，此時你的心靈就會從不安切換到勇氣。

新的行動不能「等到某天」再做，而是要「趁現在」就做。

珍惜每個當下，就能讓你成為控制自己人生的塔台。

因爲，無論是「今天晚上要吃什麼」「一年後會過著什麼樣的生活」，甚至「我會變成怎麼樣的自己」，**能夠實現這些願望的，永遠都是來自「此時此刻」**。

試著將你對未來的願望一次全部寫下來。

然後替願望排列優先順序，每天都將第一名到第五名的願望成眞的景象想像一遍，

嗶——
渴望
不安
・我想背完九九乘法表！
・我想吃〇〇！
・暑假時，我想去〇〇！
・背得住九九乘法表嗎……
・能靠這個吃飯嗎……
・恐怕無法取得休假……

以輕鬆舒適的狀態，盡量在腦海中描繪得愈詳細愈好。

所謂詳細是指，最好像看電影一樣具體。

比方說，把「害怕自己變得孤伶伶」的不安，轉換成「和同伴們有說有笑的自己」或「和情人手牽手微笑的自己」的影像。

把「要是再繼續胖下去怎麼辦」的不安，轉換成「變得苗條而十分高興的自己」「即使胖還是被情人緊緊擁抱的自己」的影像。

於是，這些充滿雀躍的想像，就會傳達入潛意識中。

前面已經說過，你無論何時都能化不安爲勇氣。

這股勇氣會引出你沉睡的潛能，促使你做出能讓雀躍感成眞的行動。

請試著寫下當下的「不安」，並一一改寫成「願望」。

CHAPTER

3

表達自己的情感

自分の感情を伝える

選擇何種情感，造就何種「自己

選んだ感情が「自分」をつくる

Chapter:3

1

選擇「用什麼方式表達什麼」將塑造出你的個人特色

希望透過前面章節的介紹，已讓你理解到「察覺造成心理陰霾的陳年傷痛，以及重整心靈」的意義與必要性。

當你一道一道地治癒著自己的舊傷，並逐步重整心靈時，內心就會湧出新的能量。靠著這股能量的爆發，來發揮你的「個人特色」吧！

接下來的這一章中，就要思考「表達」情感的方法。

所謂「表達」就是「表現自我」。

有人說，「人是爲了表現自我特質而來到世上的」，因此表現自我本來就該是一件令人興奮雀躍的事。

聽我這麼說，你可能會搖著頭回答：「我還是無法樂在其中。」你之所以會這麼想，應該是因爲在你腦中有著一個根深蒂固的概念——「表現自我很困難」。

「為了讓人理解你而飽受艱辛，無法得到理解時你就陷入負面情感，於是變得無法表現自己。」在這之前，你一直處在這樣的惡性循環中。

但在心靈重整好的那個時點，你就已選擇了另一種生存之道——「解放被壓抑的情感，與人分享情感，且樂於表達自己眞正的心情」。

爲了表現自我而必須飽受艱辛的，是過去的你。

現在的你已經不同了。

對於自己能不能得到他人理解，你還是感到將信將疑嗎？

就算將信將疑，也請你別讓自己陷入疑慮之中。因爲你若陷入疑慮的話，就會**變得戰戰兢兢**、**提心吊膽**、**裹足不前，而無法展現出自我**。

只有表達出眞正的心情，才能與他人心意相通。

身爲一個血肉之軀的人，就要讓自己正大光明地表現出喜怒哀樂，這是人生中的重要大事。

讓自己樂在表現自我的重點有二：

情感是挑選出來的

在各式各樣雜陳的情感中，你會挑選何者？

前面曾經提過**「人的真心想法是在各種高漲的情感中做出的挑選」**，你挑選了什麼樣的情感，就會決定你是何種人，以及帶給他人何種印象。

所以，**第一個重點就是樂在感受「自己是一個什麼樣的人」**。

第二個重點則是，樂在「如何以自己的方式表現」你所選取出的情感。

「那我可得好好避開負面情感……」像這樣的擔心是多餘的。

內心的一切喜怒哀樂都值得你樂在其中。無論是什麼樣的情感，只要經過自己的加工，再展現出來就好。因爲這樣正是表現「你自己」。

舉例說明，假設你的善意被他人否定了。當負面情緒一口氣爆發出來時，你會選擇哪種情緒？

所謂的表現「自我」

要如何傳達你所選出的情感，是你的自由。

憤怒？悲傷？抗拒？失望？
如果選擇了憤怒，你會如何表現？
不在乎自己身處何處就掉起淚來？敲打其他東西？悲痛地向對方說明？
或許你會想：「光靠這樣就可以讓自己的心靈自由嗎？」相信我，一定可以。
因爲這麼做就是在決定「自己是一個什麼樣的人」，就是在創造你的個人特色。

你要選擇哪種情感？你要如何傳達？
這些將會創造出一個嶄新的你。
請你樂在選擇情感，樂在傳達情感。

Chapter:3

2

把表現自我當成一種樂趣

平時的你，對於自己想說的話，能對別人說出百分之幾？五十左右？五十不到？在某些場合只有二十？

你若覺得「要說出自己想說的話很困難」，那就請你換成這樣想：

「今後我將能說出自己想說的話！」

但我得先提醒你一件事：**「你的傳達」**與**「他人的理解」**是不同的兩件事。**無論你用什麼樣的言語傳達你的心情，對方都會有自己的解釋方式，對方要怎麼反應也可能依他當時的情緒而定。**

所以，你若期待說「只要我用心傳達，無論是何種心情對方都一定能理解」，當事與願違時你就會產生負面情感。

但你若從一開始就豁達地想**「用心傳達這件事本身就是有意義的。但即使如此，對方還是有可能無法理解」**，那你就會有餘裕在互相的交流中找到樂趣。

這種餘裕會讓你在對方的反應並未盡如人意時，也能有足夠的包容力接納，結果就會提升對方對你的好感。

接著，**在「傳達」時，請你拋開「自以為是的觀念」，因為那將會成為你的絆腳石**。

「我就是不擅言詞又怕生，每當我要傳達自己想說的話時，總是飽受艱辛。」如果你有這樣的想法，那往往是因爲你以爲「自己說話非得跟別人一樣流利不可」。

無論是結結巴巴地說，還是言簡意賅地說，只要你能溫厚地看待自己，告訴自己：「這就是我的個人特色！」那麼流不流利就完全不是問題了。

一邊寬厚地包容自己，一邊努力地表達，這樣的態度也會帶給他人好感。這也將成爲你的魅力。

現在你已不需要「不擅言詞」或「怕生」的概念了。你眞正該考慮的是，用何種態度傳達才是最理想的。

有些人可能總是無法在一時之間，**找到言語來表達自己的真正心意**。對於這樣的人，我有一個好主意。

傳達心情的練習

1

對自己想傳達心情的對象寫「信」

寫信不是為了寄給對方，而是為了訓練表達能力。
既然不會給別人看，就不用害怕寫錯。

2

寫完後再寫一封

摸索有沒有更貼近自己心情的語句，有沒有更直率的表現方式。

3

換一個對象再寫更多信

腦中會浮現最符合個人特色的表達方式。
你將有能力表達自己的心情。

那就是對自己想傳達心情的人「寫信」。

寫信不是為了寄給對方，而是為了訓練你的表達能力。既然不會給別人看，就不會遭到批評，所以你可以安心寫出自己心裡的想法。

寫完之後，把信放在面前，再用另一張信紙重寫一封更能傳達你眞正心意的信。隔天再重寫，再隔天再重寫，一邊摸索有沒有更貼近自己心情的語句，有沒有更直率的表現方式，一邊反覆重寫。

然後，有一天你的腦中一定會浮現出一個最符合你個人特色的表達方式。

請你再更換寫信的對象，試著寫更多的信。於是你會慢慢習慣如何表達你眞正的心情，當你跟那些語句愈熟悉，你的表現能力就會變得愈豐富。

屆時，你將隨時隨地都能淋漓盡致地表達自我。

不管對誰而言，傳達心情都不是件容易的事。但是，困難並不等於苦悶。請你試著這麼想：「傳達心情是一件既困難又有趣的事。」

Chapter:3

3

不是只有語言才能表達心情／磨練你的第二語言

你覺得「喜歡」的相反是什麼？

其實，不是「討厭」。

在心理學中，「喜歡」的相反是「漠不關心」。「討厭」則可以看作是一種因為無法使自己「喜歡」而掙扎的狀態。

當你對自己變得漠不關心時，你在嘴巴上雖然說著「我怎樣都無所謂」，但其實心底的空虛應該令你痛苦得難以承受吧。

這是因爲**你既無法對自己漠不關心，也無法放棄自己**。

我們每個人到死爲止，都是「自己」的總負責人以及總監督人。

所以，關於自己無論再小的事都該多多留意，並給予確實的治療保護。

你是否留意過自己的「第二語言」？

請你試著仔細觀察和別人說話時的自己。

需要注意的是「視線」「聲調」「表情」「手勢」四個項目。

這四個項目十分重要，因爲它們能幫助你表現自我，並左右你帶給他人的印象。請好好觀察，並盡力提高各部分的精確度吧！

〈第一項〉視線

你在對話過程中，有多常看著對方的眼睛？

「眼睛是靈魂之窗」，視線當然是展現你自己的重要部分。

說話時，最好是偶爾移開視線，九成時間看著對方的眼睛。

低著頭會讓人感到「陰沉」，看著他處會讓人覺得「不誠實」，凝視對方的眼睛則會給人「壓迫感」。

請提醒自己對話時要不聚焦地「望著整張臉」。

〈第二項〉聲調

尖銳的聲調，會讓聽者感到疲勞。但嘀嘀咕咕地低聲說話，又會讓人聽不清楚，同時又缺乏溫度。

若要問聲音的魅力是來自於哪裡，其實不是來自磁性的嗓音，而是來自語調，也就是抑揚頓挫。

視線

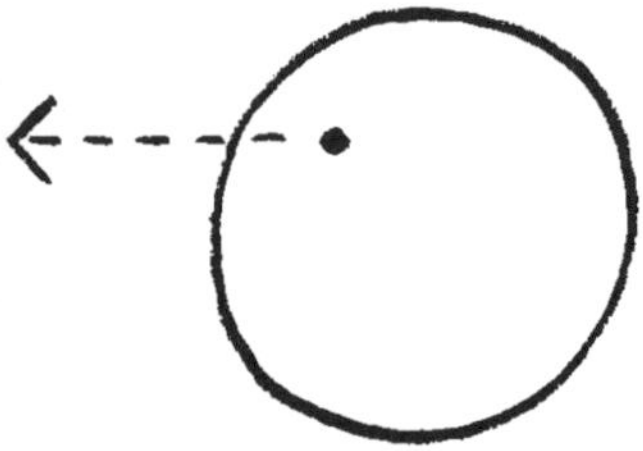

不聚焦地「望著整張臉」。

聲調

有時提高，有時喃喃細語，重視抑揚頓挫。

表情

微笑時眼睛也要一起笑。

手勢

說話時，加上手勢、肢體動作。聆聽時，大大地點頭。

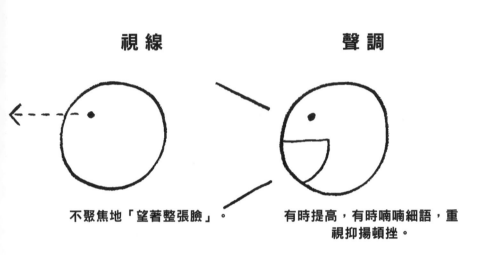

爲聲音賦予表情，適時加以提高，有時又像喃喃細語般地說出眞心話，這麼一來對方一定會聽得入迷。

〈第三項〉表情

大家都知道，柔和的表情當然比緊繃的表情討人喜歡，但遇到第一次見面等的場合時，人難免還是會緊張。

這時候就要用笑容戰勝一切！只揚起嘴角笑的話，會讓表情變得不自然，所以記得要連眼睛也一起笑喔。

眼睛一笑，表情就會變得有親和力，同時也會讓對方感到安心。

〈第四項〉手勢

在相遇的瞬間，張開雙臂做出迎接對方的手勢，光是這個動作就能傳達你對對方的歡迎。

請在說話時加入手勢、肢體動作，並在聆聽時大大地點頭附和。肢體動作是無聲的語言。請用你的全身上下來表現出「你自己」。

【若你覺得自己「不擅言詞」的話，請將更多的注意力放在這四個項目上。】

Chapter:3

4

放心說「不」的方法

「又輕率答應人家了。事到如今也無法推拒……」

你是否曾經沉浸在這種負面情感中，感到後悔不已？

如果事後會如此懊悔，不如讓自己變成一個能當場說「不」的人，否則只會不斷消耗你的心靈力。

「這種事我經歷過無數次了，不用你說我也知道！」你是否正想如此反駁？

你的心中應該存在著「拒絕是不好的」「我不想因爲拒絕而得罪別人」「我不要被人家覺得冷漠」等等的心態。

然而，有一件事遠比回應對方的期待還重要。

那就是「別讓任何人剝奪自己的心靈自由」。

因此，讓我們一起來學習在說「不」時不讓人產生反感的方式吧！

這種方法就是用**「自我怪罪」來拒絕**。

如果讓對方覺得「被拒絕是因爲錯在他自己」，對方當然會感到不開心。你應該想避免因這種事產生芥蒂，而影響你和對方之間的關係吧？

所以，這時候就是要**「把錯百分之百怪罪在自己身上」，一邊道歉一邊婉拒**。

比方說，要拒絕飯局的邀請時，你可以說：「我怎麼老是這麼不巧。剛好今天有其他約定了，對不起喔。」

拒絕別人借錢的請求時，可以說：「幫不上你的忙眞的很抱歉，我們家唯一的家訓就是『不准向人借錢，也不准借人錢』。希望你能體諒。」

你得承認有時「撒謊也是權宜之計」，但這麼做是爲了減輕被拒絕者的心理負擔。

「我怎麼老是這麼不巧」和「幫不上你的忙眞的很抱歉」，這兩句話是前置語。

前置語就像發語詞。加入一句這樣的前置語，不但能用來拒絕他人，要向人提出請求時也會變得更容易。

前置語是站在對方的立場，貼心地顯示自己「同理」的語句。

所以，請先說完這句話，再進入正題。舉例來說：

（對情人）「雖然我知道你的工作眞的很忙，可是，我會擔心你，給我的聯絡可以

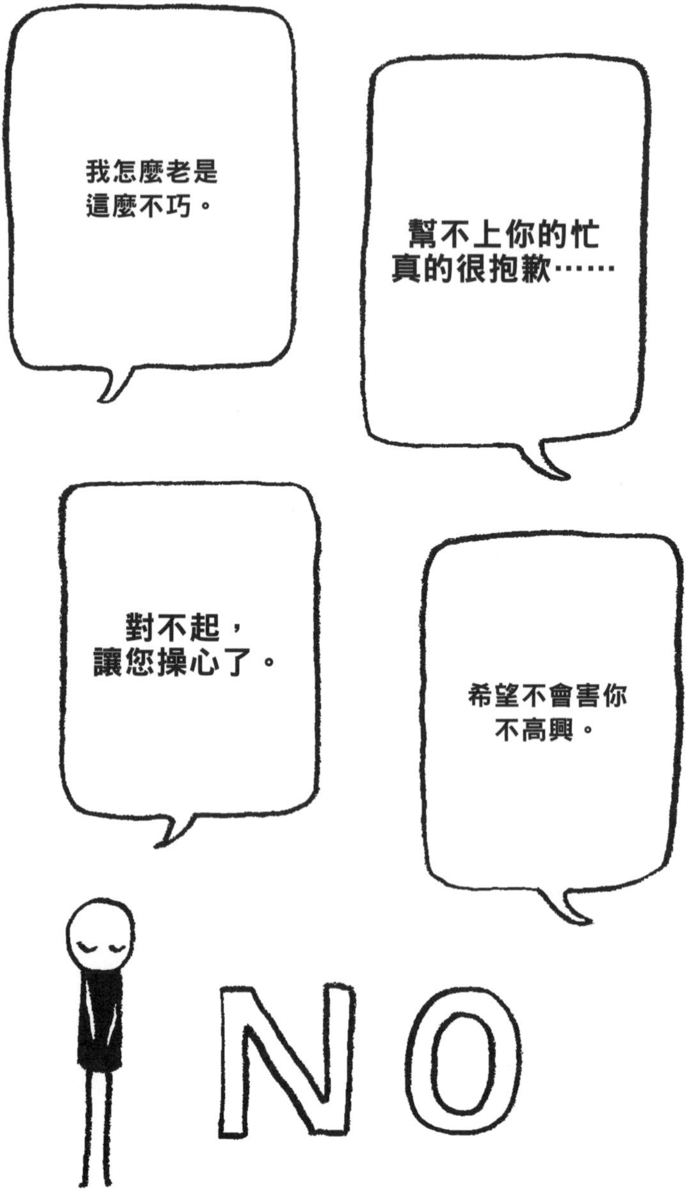
我怎麼老是
這麼不巧。
幫不上你的忙
真的很抱歉……
對不起，
讓您操心了。
希望不會害你
不高興。
NO

再頻繁一些。」

（對朋友）「你聽了不要生氣喔。這次我們的成員已經都決定好了。」

（對上司）「對不起，讓您操心了。請原諒我沒有帶回來好消息。」

比起直截了當地進入後半的正題，在前面多加一句緩衝句，聽起來是不是更容易接受？

加上這樣的前置語，是一種「一點也不想讓對方感到受傷」的體貼行爲。

倘若事前有時間準備，就請你站在對方的角度，眞誠地爲對方找出一句適當的話語吧！

另外，親自向上司說「不」時，當然也不能忘了前置語，但同時心懷敬意，做好「被斥責的準備」也很重要。

說「不」時，將「自我怪罪」當作前置語；
提出請求時，將「對對方的體貼」當作前置語。

Chapter:3

5

不發怒的怒氣表達方法

在一股火衝上腦門時，「說不出自己想說的話」或「不小心說出沒必要說的話」，這樣的經驗你是否曾有過？

我們人在發火時，會更難以「傳達」想法，這是大家的共同經驗。

這是因爲發火讓我們暫時迷失自我，使我們會看不見自己的內心，連「自己最想說的話」或「自己最珍視的情感」是什麼都搞不清楚。

如果因此隨著當下的情緒口出惡言，而傷透對方的心的話，那就造成一大憾事了。

當我們發火時，首先要做的事，就是讓心情穩定下來。等到亢奮狀態過去後，再說出自己想說的話。

下面要介紹三種平息怒火的方式，請務必善加利用。

①深呼吸。

當一股火衝上腦門時，心跳會加速，呼吸會變得急促。

大家常說的「腦筋一片空白」，其實就是在形容這種缺氧狀態。

這時請你趕快補充氧氣。大口吸氣，再緩緩吐氣。

反覆做過幾次這樣的深呼吸後，氧氣就會傳送到腦部，火氣便也會下降，心情自然能平靜下來。

當你快要發火時，在思考要說什麼話之前，至少先做五次深呼吸。

②喝冷水。

進行一個與傳達想法完全無關的動作「喝冷水」。

趁這段時間，讓衝上腦門的火氣消退。

當然也可以喝其他的飲料，但冷飲可以自內側冷卻身體，減低亢奮，所以比溫熱的飲料更具效果。

只不過，此時動作一定要緩慢。如果粗暴地一口氣喝完，砸桌似的把杯子往桌上一擺的話，就毫無意義了。

當你快要發火時，就告訴對方「我嘴巴好乾」，然後緩緩地將冷水含入口中。

③形容出當下的狀態。

穩定心情的方法

1
深呼吸。

2
喝冷水。

3
形容出自己
當下的狀態。

人在暫時迷失自我的狀態下，無法適切地表達自己的心情。

所以，**這時與其找尋自己的真正想法，不如向對方自白當下自己的狀態，才能避免誤會與衝突**。

誠實地說出自己的狀態，像是「我現在急火攻心，沒辦法好好跟你說我的想法」或「我現在無法正常思考，我們暫時先不要說話比較好」。

這麼一來，對方或許會停下來等你，某些狀況下對方甚至會設法幫助你。

快要發火時，直接說出「我好像要發火了，先緩一緩！」才是上策。

如果自己不是快要發火，而是**已經徹底發火時，就向對方傳達，你現在的狀態無法冷靜說話，之後再與對方聯絡，總之就是要讓自己冷靜下來**。

請你一定要極力避免在發火的狀態下，說出情緒性的話。

在一個人的空間裡與內心對話，確實找出什麼才是你最想表達的。

【**快要發火時，就透過各種方式，先為自己準備一個「暫停」的開關。**】

Chapter:3

6

難以啓齒的話就用「I Message」傳達

「要是能坦白說出眞正的心情，就能縮短兩人之間的距離了……」雖然理智上明白這件事，但眞的到了緊要關頭時，就是無法如願地說出口。

「自己不是活潑外向的人，對方似乎也有些見外。要講出自己眞正的想法實在很難啊。」有這種顧忌的人不在少數。

你也是其中的一人嗎？

如果是對方聽了會高興的事，無論用什麼方式傳達，都能讓對方開心。

我想，**難就難在當你想要傳達的是難以啓齒的話時**。

正因如此，無論是對情人、朋友或工作夥伴，若連難以啓齒的話都能巧妙傳達，那麼你們之間一定能建立起更緊密的關係。

其實這是有訣竅的。

所謂「傳達情感」跟「發洩情感＝變得情緒化」是不一樣的兩件事。

我曾經因年輕氣盛，而向自己的交往對象發洩情緒地說：「你這個人眞的很自私，我受夠了！」事後才懊悔地想：「那不是我想講的話。我明明是想對他說：『你總是以工作爲優先。可是，拜託你不要臨時取消約會。』」

而且當時我的眞正想法是「拜託你不要放著我不管，不然我會覺得很寂寞」。

那時候，如果能好好地說出眞正的想法，就不會惹得他不高興地反駁道：「我也很忙好嗎！」

要改變對方的反應，就要先改變自己的反應（說話方式）。

傳達眞正想法的訣竅是使用「I Message」。I是指自己，也就是以「我」作為主詞的傳達方式。

相對的是「You Message」，以「你」爲主詞的說話方式。

爲了方便理解，以下就舉例比較兩者的不同。

「你爲什麼沒有馬上回訊息給我？」這是You Message。

「我沒有收到你的訊息的話，會擔心得沒辦法好好做其他事。」這是I Message。

再舉一例：

I

- 沒有收到你的訊息的話，我會很擔心。
- 如果你能再留意些，就會幫了我一個大忙。
- 如果你願意幫忙的話，我會很高興。
- 聽到這種話，我會很受傷。
- 菸味會讓我覺得很難受。
- 我比較喜歡味道再淡一點的菜。

You

- 你為什麼沒有回訊息給我？
- 就是因為你注意力散漫，結果才會變成這樣。
- 你什麼都不肯幫忙。
- 你說話好過分。
- 請你不要抽菸。
- 你做的菜太鹹了。

「就是因爲你注意力散漫，才會造成這種結果。」這是You Message。
「我沒能好好從旁協助，讓結果變成這樣，眞不好意思。」這是I Message。
可以看出兩者給人的印象有多大的差異了吧？
用You Message傳達不滿的話，很難不變成責怪對方的口吻，因此可能會造成對方的反彈，或從此對你關上心門。
反之，**I Message純粹是傳達自己的狀況或感受，因此對方也不覺得受到指責，**相對地就更容易主動道歉或接受你所說的話。
如果你因爲難以啓齒，而憋在心裡，到最後你的不滿也會不知不覺在態度上表現出來，屆時只會讓你們雙方都陷入負面的情緒中。
建立起一個好的關係所需要的，不是忍耐，而是用有智慧的方式傳達。
多多利用「I Message」，就能讓我們既傳達了眞正想法，又不會事後感到懊悔了。

【以「我」作為主詞來思考，也能幫助我們更加掌握自己內心的想法。】

Chapter:3

7

「平凡又不起眼的我」也能得到肯定嗎？

曾有一名年輕女性向我諮詢過這樣的煩惱：

「我既不是大美人，又沒有特殊專長，說起話來也不怎麼有趣。不知是不是因此而讓別人對我沒印象，有時候，人家會記不得我的名字，或者忘了我的存在，詢問大家意見時只跳過我一個人，這讓我非常沮喪。我要如何才能讓別人對我留下印象？」

無論是好是壞，只要超越了「普通」就能讓人留下印象。但這不是只限於容貌或口才上。

你會覺得自己「又平凡又缺乏存在感」嗎？

若是如此，**只要強調你所擁有的「某種東西」，就能給人超越普通的強烈印象。**

那種東西就是「善意」。

別人對自己釋放出的好感，是會深刻留在我們記憶中的一樣東西。

之所以很難讓他人對你留下印象，說不定是因爲你在對話時「沒有坦率地將你對對方的好感表現出來」。

請試著回想一下。在你遇到的人之中，給你何種印象的人會讓你留下記憶？容貌出眾？說話有趣？……應該不只是這些。

樸素歸樸素但「十分友善」，或者雖然不起眼但「散發著一種柔和的氛圍」，帶給你這種印象的人，是不是也存在於你的記憶中？

也就是說，你只要保持你現在的樣子，把你的善意以「柔和的氛圍」「友善地」表現出來就可以了。

讓我來傳授你達成這個目標的終極絕招吧！

表達自己的心情時，將內容集中於以下四項重點：

「感謝」「道歉」「請求」「好感」。

其關鍵句分別是「謝謝你」「對不起」「幫幫我」「我愛你」。

當你「想要傳達心情」時，**只要先說出相對應的關鍵句，再說出你真正的想法就可以了**。

比方說，「謝謝你，我上次眞的很開心」或「對不起喔，我很過意不去，一直想找

對方的事
自己的事
‧你穿的衣服好好看喔。
‧你是哪裡人？
‧你知道很不錯的店嘛。
‧你說的○○，真是讓我大開眼界。
‧我喜歡打扮。
‧我的老家在○○。
‧我經常去那家店。
‧我很擅長○○。

機會跟你道歉」。

有些人是較容易說出「謝謝你」和「對不起」，但很不善於說「幫幫我」，這種人可能是根深蒂固地帶有「不准向人要賴，不准造成別人麻煩」的觀念。

會不會造成麻煩是由對方來決定的。當你敞開心胸說出「幫幫我」時，就會發現人間處處有溫情，樂於伸出援手的人大有人在。

至於「我愛你」則是表達好感的話語，可置換成「好棒！」「好厲害！」「太強了！」等稱讚的語句，多多向他人傳達。

只要你在相遇時毫不猶豫地向對方傳達正面情感，也就是傳達對方的魅力或優點，對方就一定不會忘記你這個人。

與其不停地說自己的事，不如傳達你對對方的想法，就能自然而不帶壓迫感地突顯自己的存在。

Chapter:3

8

成爲自己的粉絲

你能對家人或情人當面說出「我愛你」嗎？

這麼害臊的話打死都說不出口？

一般而言，日本人多數比較害羞，但因害羞而沒能把自己的心意說出口，損失的可是自己喔。

不僅在愛情中，有時候在社交中，我們也會遇到傳達「想法」的機會，像是自我介紹的場合、做簡報的場合、向上司提出報告的場合等等。

讓我們變得在遇到這些自我表達的機會時，都能大大方方地說出自己的想法吧！

舉例來說，假設是在交流會的自我介紹時。

明明想多宣傳自己的優點，卻因害羞而只敢說出毫無特色的自我介紹……對於這樣的問題，可以用以下的方式來破解。

如果是要介紹一個和你有深交的朋友，你應該能毫不害羞地說出口吧？

這時候，就請你這樣暗示自己：**「我現在要介紹的不是自己，而是一個和自己交情最深的朋友。」**

當你必須負責介紹和你交情最深的朋友時，你大概會思考：**「這時候怎麼能害羞？要怎麼介紹才能讓聽者變成朋友的粉絲？」同時字斟句酌地介紹。**

這一招非常有效，因爲自己的優點自己最了解。

曾經有一名女性告訴我：「我一站在人前就會害羞得不得了，每次自我介紹時，我就算鼓起了最大的勇氣，也只說得出：『我個性開朗，興趣是烹飪，請大家多多指教。』」

這時，我建議她用我前面所提到的方式，盡力讓別人變成自己的粉絲。於是，她自我介紹的內容就變得大大不同了。

「我個性開朗，遇到開心事會更加活潑。興趣是烹飪，辦派對時，準備菜色的工作，別忘了我一份。如果有什麼有趣的活動，歡迎大家找我一起參加。」

日本女子馬拉松選手有森裕子，在亞特蘭大奧運中發揮全力，贏得銅牌後，曾說：「我第一次覺得連自己都想稱讚自己。」這句話讓日本舉國上下感動不已。

當一個人毫不害羞、正大光明地稱讚全力以赴後的自己時，是既耀眼又美麗的。

先徹底成為自己的粉絲，再介紹「自己」。

我覺得，**自認為不善於自我宣傳的人，是因為太過害羞，而扼殺了想要稱讚自己的心情。**

你的最佳加油團團長，就是你自己。

既然身爲加油團團長，就要率先肯定自己的長處。

率直地肯定並宣傳自己與生俱來的優點，和至今以來的努力所累積出的成果，完全不是一件需要害羞的事。

當你成為自己的粉絲後，你的心情就會從「害羞」轉變成「想要向人傳達」。

拚了命地表達自我，或許會令你有些害臊，但只要你這麼做，就一定會有人確實地接收到你所傳達的訊息。

讓自己徹底成為自己的粉絲，並練習如何介紹自己。

Chapter:3

9

選擇正面思考的練習

為了某件事而在不知不覺中變得愈來愈焦慮的經驗，每個人都有。

但次數太過頻繁的話，就會讓人煩惱自己的思考爲何如此負面。

這一類人**實際上並非什麼事都以負面角度思考，反而是拚命想以正面角度思考的人。**正因太想正面思考，所以當負面思考出現時，內心才會感到如此怏怏不樂。

但當自己愈是在意怏怏不樂的事，就愈會助長其力量，於是就會讓「負面思考占據了整個頭腦」。

舉例來說，假設你處於這樣的狀態中：

你回想起別人對自己的責難而滿肚子火，於是落入負面感受的漩渦中，來來回回想著：「既然沒在當場說回去，那就只好認了。」（放棄）「不對，即使是現在也應該說回去。」（無法放下）「又不是什麼值得重新提起的大事。」（失望）於是這件事一直掛在心上，怎麼也忘不了，你便對如此負面的自己心生厭倦……

但此時，請你千萬不要責怪自己：「爲什麼我就是無法變得正面！」正因**每個人內心都具有負面感受和正面感受，所以「決定選擇哪一方」的意志力才能得以發揮**。

請你試著培育出無論何時何地都能選擇「正面思考」的意志力。不妨從平日就開始練習**「如何自主性地挑選正面思考」**吧！

有一種簡單的練習方法：

請爲自己準備一本可以持續書寫的筆記本或日記本。

①翻開空白的一頁，然後回想有哪些事令你猶豫不決或掛心。

②在頁面的左半邊寫下你對那些事物的負面感受。

（例）「我無論做什麼都無法達到一般人的水準。」「反正別人一定會瞧不起我。」等等。

③在頁面的右半邊寫下你對那些事物的正面感受。

（例）「努力完成一件事本身，就是有意義的。」「我的價值只有我自己可以決定。」等等。

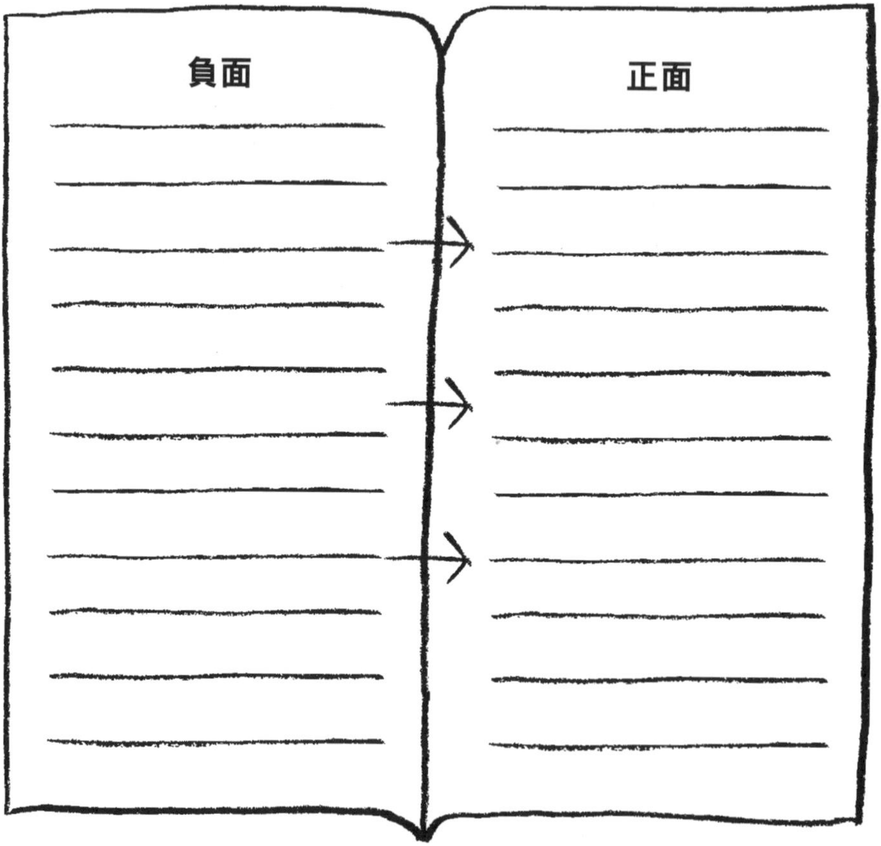
負面
正面

④大聲朗誦出寫在右半邊的正面感受。

這樣就可以了。

每天都寫同樣的東西也沒關係，所以請每天持續，直到心頭不再有令你憂慮的事爲止。

朗誦出正面感受，跟選擇正面感受具有相同效果。每當你大聲朗誦時，就是讓那樣的感受滲透入心中，所以**當你自問「我有什麼感受」時，就能毫不猶豫地選擇正面思考。**

再者，這個練習最好寫在筆記本或日記本上，因爲當你又碰到相同議題時，或找不到好的語句時，都能翻回前面重讀。

那些筆記本上寫得密密麻麻的正面話語，一定會在你每次翻開來看時，爲你的心靈找回勇氣。

要得到正面感受，還是要得到負面感受，可以由自己來挑選。

Chapter:3

10

別害怕傷人和受傷

自己明明不是那個意思，卻不小心說出傷害對方的話……

許多人一遇到這樣的狀況，就會在夜晚舉行起「一人反省大會」，一邊後悔「當初應該換個方式說的」，一邊煩惱「會不會讓對方不高興了」，一邊不停自責著「為什麼我這麼不會說話」……

我過去也是經常出現在一人反省大會中的老面孔，所以對於這種痛苦能夠感同身受。

然而，若是因為品嘗過這種痛苦，而使**我們過度在意自己的一字一句會不會傷害到別人的話，我們就會變得愈來愈不敢吐露真心，只能說一些無關痛癢的表面話**。

但這根本就是本末倒置。

對我們而言，坦率地敞開心門，讓別人了解自己，是十分重要的。

反省固然是件好事，但過度後悔就對自己絕對沒有好處了。

反省時和後悔時，我們對自己說的話是不同的。**反省是在最後鼓勵自己：「要把這次經驗作為未來的借鏡。」後悔則是從頭到尾一直自我攻擊道：「為什麼我要做出這種事?!」**

一個是得到鼓勵，一個是受到攻擊，兩者從失敗中重新站起來所需的時間，會產生巨大的落差。

再說，當你在悶悶不樂地懊悔時，說不定對方還在承受著那份傷痛。所以，**與其把時間用在後悔上，不如把這些時間拿來修補關係**。

請盡早利用文字訊息或電話，向對方表達「你的歉意」「你的無心」以及「你那時候眞正想講的話」。

如果能因此讓對方心情平復，並更進一步直接見面的話，那就更好了。

在今後的人生路上，**無論你再怎麼不願踐踏任何人的心靈，恐怕都無法避免在無意之間對他人的心靈造成傷害**。

因爲，只要有人勝出，就可能有人因爲落敗而心懷怨懟；有人過得幸福，就可能有人因此而心生妒忌……世上充斥著這樣的不可抗力。

你能控制的
只有自己的心情。

他人會因爲落敗、因爲妒忌而感到受傷，但傷害不會因爲你的阻止而停止。

再說，每個人都有各自的感受性和思考方式，對於同一件事，十個人就會有十套不同的解釋，這也是你無法控制的。

換言之，無論你再怎麼小心，仍有可能傷害到別人的心靈，所以希望你不要爲此感到痛苦、爲此傷害自己的心靈。

當你不小心傷害到某個人時，就只有誠心誠意地道歉了。

讓認錯道歉的心意，以及悄悄爲對方祈福的心意，盛開在自己的心田中吧！這麼做遠比懊悔來得更有意義。

對方要如何看待這件事，取決於對方。

- 對方會有什麼感受，並非你所能控制的。
- 無論對方產生了什麼感受，責任都不在你。

反之，**別人也可能在某一天，因無心之過而令你感到受傷。**

屆時，請你原諒對方。

我們每個人都正走在成長的途中，所以，我們會一面相互傷害，一面在這些經驗中建立起誠摯的關係，分享彼此真實的心聲。

你能控制的只有自己的情緒。
對於你本人以外的情緒，
無須將責任扛在自己身上。

Chapter:3

11

負面情感將爲你帶來自由

當你心中忽地湧現出負面情感時，**千萬別跟它對抗**。

你只要「察覺」到你的負面情感就可以了。

別去想說要拿它怎麼辦，只要覺知到「在我心裡有這樣的感受」就足夠了。重要的是不要進行任何批判。

如此一來，你的心自然會轉而迎向光明。

如果這世上沒有黑暗的話，我們就不會發現自己是活在光明中，更無法察覺到光明的價值。

我們的心靈機制也是如此。

如果這世上沒有痛苦與悲傷的話，我們就不會發現獲得平和與喜悅是多麼幸福的事，也無法察覺其價值。

人生之所以有寂寞、有焦慮，是爲了讓我們發現得到連結感與勇氣，是多麼幸福的事。之所以有憤怒、有絕望，是爲了讓我們發現感受到寬恕與希望，是多麼幸福的事。

所有**負面情感都是上天準備的恩典，為的是讓我們學會接納並覺察到幸福的價值**。

所以，在努力跨越傷痛，眼前豁然開朗之後，你就會浸淫在感動之中，感受到生命充滿意義。

現在無論你正為了何事煩惱、正被何種情感支配心靈，這些都不要緊。

接納「一切都有體驗的價值」，接納「其實那些體驗都是很正常的事」。

如此你就能找回心靈的自由。

然後，**請你以一顆自由的心，在各式各樣洋溢的情感中，挑選出你真正想緊抓不放的那份心情**，從而跨越那些痛苦的經驗。

趁著最後，我想告訴你一件事。

在你內心應該有著「希望能讓別人了解自己」的心願吧？

若能徹底實現這個願望，當然是再美妙不過的事。

但在那之前，我希望你能知道，光是「純粹地擁有這樣的心願」，就是一種幸福。

因爲擁有願望的人，是一面注視著前方的夢想，一面已經在邁步向前的人。

過去是被負面情感耍得團團轉，

今後要讓負面情感變成自己的戰友，
建立齊頭並進的對等關係。

你在這樣的人生道路上前進著，只差一點點就能實現願望了。

只差一點點……只差一點點，你就能愛上自己的一切。這是人生中缺一不可的大事。

你現在是否希望能爲某個人帶來笑容？

愛就是誕生自「想爲那個人帶來笑容」的心情。

你若想帶給家人、帶給喜歡的人笑容，你就要先爲自己帶來笑容。

「我想看到自己最光輝燦爛的笑容！」

你不會有這樣的想法嗎？

請愛上這個世上最令人疼愛的自己，愛上自己的全部，讓自己展露出無可匹敵的笑容。

各式各樣的情感你都擁有。
要從中挑選出哪種情感，是你的自由。

不想被討厭、
缺乏自信、
無法駕馭情緒、
得不到肯定、
為什麼只有我是這樣……

如果這世上沒有黑暗的話，
我們就不會發現自己是活在光明中，
更無法察覺到光明的價值。

如果這世上沒有痛苦與悲傷的話，
我們就不會發現獲得平和與喜悅是多麼幸福的事。

請愛上這個世上最令人疼愛的自己，
愛上自己的全部，
讓自己展露出無可匹敵的笑容……

心情整理術

今天也為你加油

井上裕之——著　林佳翰——譯

每個人每天都需要心情整理術，
面對一天的開端，記得放掉心裡「一定要～～」的完美主義。
肯定今天的自己，愛今天的自己，
你的心靈將被幸福感占滿，自然地變成幸福體質。
當你需要整理心情時，翻閱句句溫暖的小語，
讓煩亂不安的心沉澱下來。

加拿大醫學博士王佑驊專文推薦：
給不知不覺就太過努力的你
一本最溫柔的安慰書
專門療癒心痛的醫師作家送給大家的禮物
不要再責備自己了。
30 個心靈處方箋，讓你喜愛原原本本的自己！

改變現在的自己

用 56 種方法，擺脫被性格掌控的命運

山﨑拓巳——著　陳惠莉——譯

老是空想而沒有採取行動、老是想著負面的事情，
老是為芝麻小事鬱鬱寡歡，經常無法控制怒氣，
不擅長與人和睦相處，只要閱讀本書就可以扭轉自我形象，
瞬間感覺自己從頭到腳脫胎換骨！

你想成為特別的存在，想過和別人不一樣的生活，
但是無可救藥的個性，始終是個絆腳石……
如果你開始討厭自己了，學著讓自己改頭換面吧！

一個人的會議時間

學會跟自己開會，
才懂得怎麼經營「自己」這家公司

山崎拓巳——著　張智淵——譯

**一天只要 10 分鐘，
告別不安、瞎忙的人生。**

你現在該做什麼？啊，突然想到那件事進行得怎麼樣了？
你有點擔心，可是，也不曉得擔心什麼……
你一直處於「莫名」之中，整天在公司感覺瞎忙，瞎忙，瞎忙。
你無法集中精神，迷失了想集中精神的目標？
或者想集中精神去做的事，天呀，已經堆積如山了……

要專注力，沒有專注力；要點子，沒有新點子，
原因很簡單，因為你太輕忽與放任一個人的時間了！
每天早上只要 10 分鐘，
就可以解決以上你的疑問與改變你的焦慮。

一個人的充電時間

打開你的動力開關

山崎拓巳——著　張智淵——譯

**將昨天的動力，獻給今天提不起勁的你。
只要打開這 34 個燃燒鬥志的「動力開關」，
你會發現令人雀躍的事情，無所不在！**

這次山崎拓巳要告訴你，開啟「動力」源源不絕的方法！
動力全開的三個步驟！
心煩意亂時，在紙上寫下令你憂慮的事。
諸事不順時，對自己說：「開～玩笑的啦」「一切都進展順利。」
脫離舒適圈，一頭栽進偶像的群體圈！

一天擁有一段屬於自己的充電時間，
就能以最小的努力，獲得你渴望的成果。

生命中最有梗的 1 天

沉浸在極致幸福中的 88 則旅行故事

A-Works——編　**詹慕如**——譯

88 個旅行的紀錄。88 個生命行動力冒險故事。
有人在 16 歲的夏天，
一個人旅行因為找錯地方卻看到最美的天空和大海；
有人在標高 4800 公尺的中巴邊境，
遇見一輩子忘不了的的笑容；
有人在旅途中找到了終身伴侶；
有人在旅行的衝擊與感動中，決定了自己未來的目標；
為什麼旅行的魅力與改變如此巨大？
踏上旅途，找到你的幸福吧！

可以不要跟別人一樣嗎？

讓你人生大改變的 88 個開關

滝本洋平 / 磯尾克行——著　**陳惠莉**——譯

顛覆常識，打開存在你心中的開關，
一個開關可以在瞬間打開全世界
你的人生是 ON 或 OFF? 花 60 分鐘看完本書，
61 分鐘之後將以爆發的速度，轉念行動！

一天吃三餐的常識源自於愛迪生的麵包機銷售活動，「DREAMS COME TRUE」的主唱吉田美和看不懂樂譜也能成為一流音樂家，知名繪本作家 NOBUMI 因為喜歡的女孩而自學完成 300 本繪本，保羅．麥卡尼連睡覺的時間都可以創作出〈Yesterday〉這首世界名曲……「也許可以！」這麼想的瞬間，就產生了無限的可能性。

人一輩子堪用的時間只有 40 年，沒有時間去做我們不想做的事，如果不試著做，結果就形同失敗。想去！想做！馬上採取行動吧！

轉念成功作家 田定豐 強力推薦：
88 個小故事，提煉出 88 個讓你可以轉念的關鍵提示 ......
這是一本可以幫助你，相信自己有飛翔能力的好書！

宥勝
特別推薦

夢想不會逃走，逃走的往往只是自己

成為自由人的腦，38 種讓你隨心享受工作、夢想、休閒的觀念

自由人 高橋步——著　　詹慕如・白璧瑩——譯

明明腦中有感動，卻找了各種理由不去行動，
等於自己親手扼殺了自己的可能性。

只要是跟高橋步當朋友，聽過他演講的人，
或者是談過話，看了他的書，都會開始大大調整自己的人生！
到底他有什麼魅力？還是魔力？
讓每個人開始對自己的未來與夢想敢大膽追求，做了再說！

透過這本書，自由人高橋步的行動力，
不只是「言出必行」而是「言出必衝」，讓自己完全沒有退路。
他說，遇到喜歡的事，人人都能變成天才。

人生藍圖？不需要！
只要緊緊抓住最重要的東西，拚命持續做自己最想做的事，
誰說夢想會逃走？

國家圖書館出版品預行編目資料

如何愛你的負面情感 / 宇佐美百合子著；李瑷祺譯 .
——初版——臺北市：大田，民 106.01
面；公分 .——（Creative；106）

ISBN 978-986-179-470-9（平裝）

176.52 105020907

Creative 106

如何愛你的負面情感

宇佐美百合子◎著
李瑷祺◎譯

出版者：大田出版有限公司
台北市 10445 中山北路二段 26 巷 2 號 2 樓
E-mail：titan3@ms22.hinet.net http：//www.titan3.com.tw
編輯部專線：（02）2562-1383 傳真：（02）2581-8761
【如果您對本書或本出版公司有任何意見，歡迎來電】
法律顧問：陳思成

總編輯：莊培園
副總編輯：蔡鳳儀 執行編輯：陳顗如
校對：金文蕙 / 黃薇霓
印刷：上好印刷股份有限公司（04）23150280
初版：二〇一七年（民 106）一月十日 定價：250 元
國際書碼：978-986-179-470-9 CIP：176.521/105020907

From：地址：________________________

姓名：________________________

廣告回信
台北郵局登記證
台北廣字第01764號

平信

To：**大田出版有限公司 （編輯部）收**

地址：台北市 10445 中山區中山北路二段 26 巷 2 號 2 樓

電話：(02) 25621383　傳真：(02) 25818761

E-mail：titan3@ms22.hinet.net

＊請沿虛線剪下，對摺裝訂寄回，謝謝！

大田精美小禮物等著你！

只要在回函卡背面留下正確的姓名、E-mail和聯絡地址，
並寄回大田出版社，
你有機會得到大田精美的小禮物！
得獎名單每雙月10日，
將公布於大田出版「編輯病」部落格，
請密切注意！

大田編輯病部落格：http：//titan3.pixnet.net/blog/

智慧與美麗的許諾之地

＊請沿虛線剪下，對摺裝訂寄回，謝謝！

讀者回函

你可能是各種年齡、各種職業、各種學校、各種收入的代表，
這些社會身分雖然不重要，但是，我們希望在下一本書中也能找到你。
名字／_____________ 性別／□女 □男　出生／______年_____月_____日
教育程度／______________________________
職業：□ 學生□ 教師□ 內勤職員□ 家庭主婦 □ SOHO族□ 企業主管
□ 服務業□ 製造業□ 醫藥護理□ 軍警□ 資訊業□ 銷售業務
□ 其他 ______________________________
E-mail/______________________________ 電話／______________
聯絡地址：______________________________
你如何發現這本書的？　書名：如何愛你的負面情感
□書店閒逛時________書店 □不小心在網路書店看到（哪一家網路書店？）________
□朋友的男朋友(女朋友)灑狗血推薦 □大田電子報或編輯病部落格 □大田FB粉絲專頁
□部落格版主推薦 ______________________________
□其他各種可能 ，是編輯沒想到的 ______________________________
你或許常常愛上新的咖啡廣告、新的偶像明星、新的衣服、新的香水……
但是，你怎麼愛上一本新書的？
□我覺得還滿便宜的啦！ □我被內容感動 □我對本書作者的作品有蒐集癖
□我最喜歡有贈品的書 □老實講「貴出版社」的整體包裝還滿合我意的 □以上皆非
□可能還有其他說法，請告訴我們你的說法
____
你一定有不同凡響的閱讀嗜好，請告訴我們：
□哲學 □心理學 □宗教 □自然生態 □流行趨勢 □醫療保健 □ 財經企管□ 史地□ 傳記
□ 文學□ 散文□ 原住民 □ 小說□ 親子叢書□ 休閒旅遊□ 其他 ______________
你對於紙本書以及電子書一起出版時，你會先選擇購買
□ 紙本書□ 電子書□ 其他______________________________
如果本書出版電子版，你會購買嗎？
□ 會□ 不會□ 其他______________________________
你認為電子書有哪些品項讓你想要購買？
□ 純文學小說□ 輕小說□ 圖文書□ 旅遊資訊□ 心理勵志□ 語言學習□ 美容保養
□ 服裝搭配□ 攝影□ 寵物□ 其他 ______________________________
請說出對本書的其他意見：